Argumenter
son mémoire
ou sa thèse

PRESSES DE L'UNIVERSITÉ DU QUÉBEC
Le Delta I, 2875, boulevard Laurier, bureau 450
Québec (Québec) G1V 2M2
Téléphone : 418-657-4399 • Télécopieur : 418-657-2096
Courriel : puq@puq.ca • Internet : www.puq.ca

Membre de L'ASSOCIATION NATIONALE DES ÉDITEURS DE LIVRES

Diffusion / Distribution :

CANADA et autres pays
Prologue inc.
1650, boulevard Lionel-Bertrand
Boisbriand (Québec) J7H 1N7
Téléphone : 450-434-0306 / 1 800 363-2864

SUISSE
Servidis SA
Chemin des Chalets
1279 Chavannes-de-Bogis
Suisse
Tél. : 22 960.95.32

FRANCE
Sodis
128, av. du Maréchal
de Lattre de Tassigny
77403 Lagny
France
Tél. : 01 60 07 82 99

BELGIQUE
Patrimoine SPRL
168, rue du Noyer
1030 Bruxelles
Belgique
Tél. : 02 7366847

AFRIQUE
Action pédagogique
pour l'éducation et la formation
Angle des rues Jilali Taj Eddine
et El Ghadfa
Maârif 20100 Casablanca
Maroc

La *Loi sur le droit d'auteur* interdit la reproduction des œuvres sans autorisation des titulaires de droits. Or, la photocopie non autorisée – le « photocopillage » – s'est généralisée, provoquant une baisse des ventes de livres et compromettant la rédaction et la production de nouveaux ouvrages par des professionnels. L'objet du logo apparaissant ci-contre est d'alerter le lecteur sur la menace que représente pour l'avenir de l'écrit le développement massif du « photocopillage ».

Argumenter
son mémoire
ou sa thèse

Lawrence Olivier et
Jean-François Payette

Avec la collaboration de
Maxime Grenier-Labrecque

2011

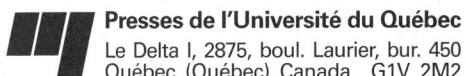 **Presses de l'Université du Québec**
Le Delta I, 2875, boul. Laurier, bur. 450
Québec (Québec) Canada G1V 2M2

Catalogage avant publication de Bibliothèque et Archives nationales du Québec et Bibliothèque et Archives Canada

Olivier, Lawrence, 1953-
   Argumenter son mémoire ou sa thèse
   Comprend des réf. bibliogr.
   ISBN 978-2-7605-2629-7

   1. Thèses et écrits académiques. 2. Argumentation. 3. Persuasion (Rhétorique). 4. Raisonnement. I. Payette, Jean-François, 1979- . II. Titre.

LB2369.O44 2010   808'.02   C2010-941443-8

Nous reconnaissons l'aide financière du gouvernement du Canada par l'entremise du Fonds du livre du Canada pour nos activités d'édition.

La publication de cet ouvrage a été rendue possible grâce à l'aide financière de la Société de développement des entreprises culturelles (SODEC).

Intérieur
Mise en pages : Presses de l'Université du Québec

Couverture
Conception : Richard Hodgson

1 2 3 4 5 6 7 8 9 PUQ 2011 9 8 7 6 5 4 3 2 1

Tous droits de reproduction, de traduction et d'adaptation réservés
© 2010 Presses de l'Université du Québec

Dépôt légal – 3ᵉ trimestre 2010
Bibliothèque et Archives nationales du Québec / Bibliothèque et Archives Canada
Imprimé au Canada

À mon frère et à ma sœur, Guillaume et Marie-Octobre Payette.

Ce livre sur l'argumentation leur est dédié puisque c'est si courant, entre frères et sœurs, d'argumenter. Le hasard a fait de Guillaume et de Marie-Octobre mon frère et ma sœur; la vie en a fait des ami(e)s. Pour moi, ils représentent l'avenir du Québec: un pays à bâtir, une nation à libérer. Et, poussé par cette solidarité fraternelle, ils me permettent d'espérer, dans mes moments de doute douloureux, qu'un jour... nous y arriverons.

J.-F. P.

TABLE DES MATIÈRES

Introduction 1
Convaincre.. 2
Persuader 4

CHAPITRE I
La structure argumentative... 13

CHAPITRE II
Argumentaire et raisonnement 33
2.1. Les raisonnements 37
2.2. Les critères de validité formels d'un raisonnement 46
2.3. Les syllogismes complexes 50
2.4. La schématisation des argumentaires 53

CHAPITRE III
Preuve, arguments et thèse... 59
3.1. Faits et données 60
    3.1.1. Faits, données et arguments..................................... 63
3.2. Comprendre sa Thèse.. 71
    3.2.1. L'hypothèse 71
3.3. La démonstration de la proposition de recherche................ 79

Chapitre IV
Écrire pour convaincre : la rhétorique de l'écriture 85
    4.1. Les types de preuve 90
    4.2. Les procédés rhétoriques 93
        4.2.1. La prolepse 93
    4.3. Les procédés littéraires 97
    4.4. Le plan 100
    4.5. L'écriture 103
    4.6. Forme 107

Conclusion 109

Bibliographie 117

INTRODUCTION[1]

La vérité est toujours inférée d'autres choses.

G. Deleuze

Une partie importante de la démarche de recherche en science relève de l'argumentation, en ce sens que toute recherche veut démontrer ou faire admettre quelque chose. Ce « quelque chose[2] » peut être une proposition *formelle*[3] (hypothèse) ou une signification donnée à un événement. On n'argumente pas n'importe comment si on considère qu'il s'agit de faire accepter par ses pairs les idées que l'on veut soutenir. En sciences sociales, on défend en général une Thèse[4], hypothèse ou

---

1. Les auteurs remercient l'évaluateur anonyme mandaté par les Presses de l'Université du Québec pour les deux lectures attentives du manuscrit et pour ses nombreux commentaires qui ont enrichi cet ouvrage.
2. L'usage des guillemets signifie que le mot est pris dans un sens différent de celui qui est généralement admis ou pour éviter de le confondre avec les autres mots d'une phrase. Par exemple, le « quelque chose » est ici en surimposition de la phrase. Il désigne la chose dont je parle et non le pronom indéfini.
3. L'usage de l'italique signifie que le mot n'a pas le sens ordinaire qu'on lui prête. L'hypothèse n'est pas une proposition formelle, mais on peut dire que par rapport aux propositions de recherche, elle se distingue par un début de formalisation.
4. Pour éviter une confusion des termes, nous utiliserons le mot *Thèse*, avec une majuscule, pour parler de l'affirmation, soit l'hypothèse ou la proposition de recherche, qu'un proposant veut défendre. Lorsqu'il sera question de la thèse de doctorat, la minuscule sera utilisée.

proposition de recherche. Le verbe *défendre* est ici approprié car il s'agit de convaincre de la valeur de notre Thèse par des arguments solides, la Thèse n'étant qu'une proposition qu'on est prêt à soutenir ou encore qu'on doit défendre contre un adversaire réel ou imaginaire. C'est une conjecture, une proposition considérée comme plausible qui exige une vérification. On n'argumente pas n'importe comment non plus si on cherche à expliquer ou à comprendre un phénomène avec une certaine certitude (vérité ou nécessité). L'argumentation, comme l'explique fort judicieusement Bertrand Buffon, « a pour aspiration et pour critère la vérité, à tout le moins le vraisemblable[5] ». Argumenter est donc une tâche essentielle de la démarche scientifique ; elle se développe une fois le travail d'enquête et l'analyse des données effectuées.

Convaincre

S'il est fréquent d'argumenter, lors de discussions avec des amis ou des parents par exemple, dans tous les cas, cela implique un raisonnement. Par raisonnement, on entend un certain enchaînement logique des jugements – arguments – pour en arriver à un énoncé vrai ou vraisemblable. Le mot clef de cette définition est « logique » ; les enchaînements ne sont pas faits n'importe comment ou de n'importe quelle façon. Contrairement à une discussion entre amis où les arguments de chacun sont souvent énoncés sans ordre, en recherche, les arguments suivent des règles formelles qui établissent une hiérarchisation entre les énoncés et les liens de nécessité qui les unissent dans le raisonnement. Les jugements doivent être organisés d'une façon telle – d'une proposition admise je peux en déduire une autre qui soit nécessaire – que les conclusions que je vais en tirer aient une certaine valeur, une valeur indépendante des opinions de chacun. En suivant l'enchaînement des jugements, le lecteur devrait pouvoir accepter la ou les conclusions qui en sont déduites. Un bon raisonnement devrait rallier une majorité de personnes à ma conclusion. Une telle démarche donne en principe un pouvoir de convaincre à l'argumentaire. Nous reviendrons sur ce pouvoir qu'on oppose souvent à celui de persuader.

---

5. Bertrand Buffon, *La parole persuasive*, Paris, Presses universitaires de France, 2002, p. 14. « Vérité » et « vraisemblable » ne sont pas synonymes. Nous utiliserons « vraisemblable » parce qu'il est de plus en plus difficile d'admettre qu'une recherche scientifique aboutisse à la vérité ou même à des vérités.

Introduction 3

Dans le cadre d'un mémoire de maîtrise ou d'une thèse de doctorat, on comprend mieux l'importance et la pertinence d'une argumentation. Même si elle n'est pas ou très peu enseignée dans les cours de méthodologie à l'université en sciences sociales, l'argumentation représente, malgré tout, une partie essentielle du travail de celui qui rédige son mémoire ou sa thèse. Il sera en grande partie évalué sur la valeur de l'argumentaire, la rigueur des raisonnements avec laquelle il défend sa Thèse[6]. La «chose» semble aller de soi, mais ce n'est généralement pas le cas. Pour bien argumenter, il ne suffit pas seulement d'avoir de bons arguments. D'ailleurs, qu'est-ce qu'un bon argument ? La question mérite que l'on s'y attarde. Poser la question nous fait comprendre qu'il ne peut y avoir d'argument en soi ; un argument fait toujours référence à quelque chose (Thèse) auquel il se rattache de manière nécessaire, ainsi (bien que ce ne soit pas le propos de ce texte) qu'à un système référentiel de pensée. Un argument sera bon s'il parvient à nous faire accepter la Thèse. Il faut aussi organiser les arguments en une structure (argumentaire) pour les rendre convaincants. On parlera alors de preuve. C'est rare d'argumenter avec un seul argument. Les deux termes – preuve et argument – ne sont pas tout à fait synonymes. La distinction sera faite plus loin. Nous reviendrons au cours de cet ouvrage sur le système complet allant de l'argument au raisonnement et de l'argumentaire à la preuve.

On aurait beau proclamer que notre Thèse est prouvée par des observations empiriques, cela serait insuffisant pour convaincre de la certitude ou de la vraisemblance de notre hypothèse ou de notre proposition de recherche. C'est l'illusion que laissent croire, mais de moins en moins, les tenants d'une conception très stricte et réductrice de l'activité scientifique. La vérification empirique n'est ni suffisante pour étayer une Thèse ni pour convaincre de son bien-fondé. C'est procéder en étalant sur une table des fruits, de la farine, du sucre, des œufs, etc., et prétendre que voilà une tarte aux bleuets. Les données ne représentent qu'une partie de l'argumentation d'une hypothèse ou d'une proposition de recherche[7]. Leur présentation ne garantit ni ne prouve rien. Encore faut-il analyser les données ; elles n'ont pas en soi de signification. Ce ne sont pas des faits qui, à eux seuls, peuvent servir

---

6. C'est ce que tout auteur souhaite mais qui n'arrive pas toujours malheureusement.
7. La distinction entre l'hypothèse et la proposition de recherche sera faite au premier chapitre.

d'arguments. Il y a peu de recherches scientifiques qui peuvent convaincre uniquement sur la *valeur de vérité* des données d'enquête, c'est-à-dire la rigueur méthodologique avec laquelle elles ont été recueillies. D'ailleurs, la plupart du temps, on n'a pas un accès direct à ces données. On s'en remet à leur présentation, à la manière dont elles sont organisées. Autrement dit, les données doivent être transformées en jugement inscrit dans une structure logicothéorique grâce auquel il deviendra possible d'argumenter. Le chercheur doit débattre avec des énoncés, des affirmations qu'il construit à partir des données qu'il a colligées. Cette structure doit être soutenue par un travail réflexif qui vient expliquer la relation entre les variables[8] ou faire comprendre la signification qui est donnée au phénomène étudié. Il faut présenter – ou organiser nous paraît plus juste – les jugements, les prémisses, qui conduisent à l'adoption ou non de la Thèse (on dira aussi Conclusion)[9]. C'est certainement l'un des aspects les plus importants de la recherche scientifique, l'une des tâches qui attend forcément tout chercheur. C'est aussi l'une des plus satisfaisantes intellectuellement.

Persuader

Toute recherche, et le mémoire de maîtrise ainsi que la thèse de doctorat n'y font pas exception, suppose la diffusion de nos résultats. Cette transmission des résultats vise notamment à persuader les gens qui vont les lire. Cet aspect de la recherche ne doit pas être banalisé, il est beaucoup plus important qu'on ne le croit généralement.

On a beau indiquer l'évidence des choses, établir la qualité de nos données ou affirmer la solidité de nos raisonnements, l'évaluation des pairs est essentielle. Il faut les convaincre et les persuader. Les opposants, les évaluateurs du mémoire ou de la thèse par exemple, sont souvent très exigeants et difficiles à convaincre. Ceux-ci jugent à partir de

---

8. Il importe de rappeler qu'une hypothèse est formée de deux ou plusieurs variables reliées par un marqueur de relation. Un marqueur de relation est le verbe central de l'hypothèse – cause, dépend, détermine, influence, varie, etc. –, il définit précisément ce qu'il y a à argumenter.
9. En logique de l'argumentation, on utilise surtout le mot *prémisse* pour désigner les jugements à partir desquels on entend soutenir une thèse; le terme *conclusion* «enferme donc en quelque sorte une vérité dans des limites définies par les prémisses». Cette définition est tirée de Victor Thibaudeau, *Principes de logique. Définition, énonciation, raisonnement*, Québec, Presses de l'Université Laval, 2006, p. 679, note 17.

nombreux éléments parmi lesquels il y a le respect de certains critères de scientificité – dans la collecte des données, dans leur présentation et leur analyse –, qui sont importants pour convaincre. Ce ne sont pas le seuls ni les plus pertinents. Ce n'est pas toujours une chose facile, comme peuvent en témoigner de nombreux candidats à la maîtrise et au doctorat. Le rôle de l'opposant, nous le verrons, ne se limite pas à accepter ou à rejeter une Thèse; il ne se réduit pas aux membres du jury. Il peut être très utile, comme procédé rhétorique, dans la construction d'un argumentaire rigoureux.

L'ensemble de la société exige aussi, pour le meilleur ou pour le pire, qu'on la persuade de la valeur de nos recherches. Ce travail n'est pas facile non plus; on ne convainc pas aisément et surtout pas n'importe comment. En sciences sociales, la chose apparaît encore plus difficile que dans les autres sciences, et ce, pour deux raisons. D'une part, généralement, une partie des objets étudiés en sciences sociales sont des sujets ayant conscience d'appartenir à une société où ils sont à la fois sujets et objets des enquêtes sociales. D'autre part, nos objets occupent une place importante dans l'actualité et plusieurs groupes revendiquent le droit, la légitimité et même l'autorité d'en traiter. Il n'est pas rare de voir, à propos de certaines questions, des groupes – syndicats, associations patronales, ministères, organismes gouvernementaux, groupes religieux ou militants – s'opposer à des recherches, à des conclusions d'enquêtes menées par des scientifiques. Ils prétendent pouvoir dire sur ces questions ce qu'il y a à savoir, ce qui est important, voire essentiel de connaître selon d'autres critères, mais pas toujours, que ceux de la science. L'étude de la controverse scientifique est aujourd'hui un domaine de recherche en forte expansion. Force pourtant est d'admettre qu'ils sont persuasifs avec leur appel à la justice, à l'égalité ou à la prospérité. Malgré que ces débats débordent largement le domaine scientifique, cela ne veut pas dire qu'il faille les ignorer. Persuader est aussi une tâche très importante et complémentaire de celle de convaincre; c'est ce que nous voulons montrer dans cet ouvrage méthodologique.

Les objets considérés dans les controverses scientifiques sont souvent l'enjeu de luttes sociales et politiques intenses et variées. Ils sont souvent appréciés selon des jugements de valeur, des idéologies qui confrontent les recherches scientifiques en modifiant les critères d'évaluation sur la signification qu'on peut leur donner. On en vient à ne plus savoir quoi penser tellement les adversaires sont habiles dans leurs arguments et malins dans leur rhétorique. Certaines de ces idéologies ont une prétention à la vérité, celle-ci étant alors définie par son utilité sociale. Est vrai ce qui est utile politiquement, c'est-à-dire ce qui permet la libération ou l'émancipation. Elles forcent l'adhésion. Il n'y a pas à le déplorer. Il est toujours possible et facile de trouver un expert pour contredire un autre expert[10]. Ça ne prouve rien sur la valeur ou le rôle de la science ou de la recherche. Tout au plus pouvons-nous noter une difficulté de plus qu'il y a à surmonter. Convaincre et persuader ne sont donc pas chose facile. En recherche, argumenter est une étape importante; persuader en est une autre dont on fait en général peu de cas. La rhétorique a aujourd'hui mauvaise presse en science: on a souvent l'impression qu'elle sert, au même titre qu'une publicité, que certaines doctrines politiques, que des idéologies, aux tenants de la propagande qui en font un large usage pour manipuler, tromper et abuser les gens. Dommage, car elle représente une dimension aussi importante de l'argumentation et, utilisée à bon escient, elle peut être un outil efficace dans un mémoire de maîtrise ou une thèse de doctorat. Nous voulons dans cet ouvrage montrer l'importance de bien argumenter sans négliger celle de persuader.

Tout cela démontre aussi l'importance de la dimension argumentative et persuasive dans tout travail et plus particulièrement dans le travail scientifique. La thèse de doctorat et le mémoire de maîtrise, une fois de plus, ne font pas exception. Préoccupé par sa démarche, sa méthodologie, le candidat s'aperçoit tardivement de l'importance de bien argumenter sa recherche et même de la nécessité de persuader. Il conçoit difficilement l'existence d'une démarche rigoureuse propre à l'argumentation tant les concepts de preuve, d'arguments et de rhétorique sont associés au droit. Persuader n'est souvent même pas considéré tant l'idée qu'une démarche rigoureuse, qu'une théorie solide, qu'une méthodologie étoffée suffisent amplement à étayer la Thèse défendue. Pourtant, il faut aussi persuader puisqu'il existe d'autres interprétations concurrentes à celle qu'offre la recherche scientifique. La rigueur, la validité de la démarche méthodologique, la solidité des raisonnements, ne sont pas les seuls critères, tant s'en faut, pour évaluer un travail scientifique. Sans négliger la portée, la place de la méthodolo-

---

10. Voir le bel ouvrage de Stéphane La Branche: L. Dumoulin, C. Robert, S. La Branche et P. Warin (dir.), *Les usages politiques de l'expertise*, Grenoble, Presses de l'Université de Grenoble, 2004.

gie – collecte des données, outils et techniques d'enquête et d'analyse, etc. – dans le travail de rédaction, elle est moins grande que celle de l'argumentation et de la rhétorique.

Sans le savoir, sans même y penser, une partie du travail d'écriture relève de la rhétorique. On utilise souvent involontairement des procédés rhétoriques, sans intention de tromper ou de duper. On anticipe des objections possibles et on les réfute. On utilise des analogies et des exemples pour mieux expliquer ou faire comprendre. On tente de différentes manières de colmater des parties plus faibles de notre argumentation en employant des métaphores, quelquefois des sophismes, des paralogismes et même la caricature des positions adverses pour en tirer des conséquences légitimes ou non légitimes[11]. Ce sont là quelques-uns des procédés rhétoriques utilisés en sciences sociales. Leur puissance de persuasion est souvent très grande et doit être utilisée adroitement. La rhétorique est un outil qui peut nous aider dans l'argumentation de notre Thèse; il faut savoir en faire un usage judicieux.

* * *

Nous avons fait le pari, certes difficile, de parler en même temps d'argumentation et de rhétorique sans privilégier l'un au détriment de l'autre. Nous croyons qu'un étudiant à la maîtrise ou au doctorat doit être sensibilisé à l'importance des raisonnements qu'il sera appelé à étayer pour défendre sa Thèse. Nous voulons surtout qu'il accorde à cette partie de la démarche de recherche une énergie et un temps conséquents. S'il est vrai que pendant sa formation, règle générale, l'étudiant aura eu peu de temps consacré à ces questions – dans le meilleur des cas, quelques heures employées à l'étude du syllogisme et de quelques exemples –, il n'en demeure pas moins que l'argumentation et la rhétorique représentent un outil méthodologique efficace qu'il ne faut surtout pas négliger.

---

11. Sur la rhétorique, l'ouvrage de Marc Angenot *Dialogues de sourds. Traité de rhétorique antilogique* (Paris, Mille et une nuits, 2008) est un ouvrage remarquable. Il recense un nombre incalculable de procédés rhétoriques avec un sens de l'humour incomparable. Les remarques critiques de l'auteur sont aussi très savoureuses. Nous ne saurions trop recommander sa lecture pour son érudition et sa valeur pédagogique. Certainement le meilleur ouvrage sur la rhétorique publié depuis fort longtemps.

L'incompréhension est totale lorsque le candidat se fait reprocher des faiblesses dans ses raisonnements. On ne lui avait jamais dit d'y porter une attention particulière puisque de toute façon, il est persuadé que d'avoir colligé de bonnes données suffit à soutenir efficacement sa Thèse. La surprise est à la hauteur du peu d'intérêt qu'on a démontré pendant sa formation universitaire à l'argumentation. Pourquoi soudainement devient-elle si importante ? Elle l'a toujours été mais l'intérêt pour les données, les techniques d'enquête et même pour les cadres théoriques a détourné l'attention des raisonnements. Il faudrait certainement ajouter que les raisonnements trop formels, sans lien avec la réalité empirique, est un reproche trop souvent entendu. À une période où on n'a jamais autant parlé de théorie en sciences sociales, il est regrettable de déplorer le peu d'effort et d'intérêt consacré au raisonnement. On a rarement et même jamais vu dans un mémoire ou une thèse de plan argumentatif. Étonnant car dans les faits, ce plan représente l'armature du mémoire ou de la thèse. D'une certaine façon, il est plus important que la table des matières qui, pourtant, est une obligation à laquelle un candidat ne saurait manquer. Le plan argumentatif, l'organisation des raisonnements, possède, à notre sens, une valeur pédagogique plus grande pour le candidat. Il est en mesure de faire sa propre évaluation de son argumentaire et de le rectifier au besoin. De plus, il permet de juger rapidement, autant que faire se peut, de sa valeur, c'est-à-dire de sa capacité à rendre vraisemblable la thèse défendue.

Que dire de la rhétorique qui ne soit encore pire que ce que l'on vient de dire à propos de l'argumentaire ? Nous l'avons dit plus haut : la rhétorique a très mauvaise presse en science. Elle vient d'une longue tradition qui remonte, dit-on, aux Grecs anciens[12]. C'est d'abord l'art de bien parler en public, d'utiliser des effets pathétiques pour plaire ou persuader. Cette courte définition n'aide guère à redorer le blason quelque peu terni de la rhétorique. Plaire et persuader nous font immédiatement penser à ce qui est superficiel, éphémère, tromperie, mensonge joliment emballé, poudre aux yeux, etc. En effet, la rhétorique ou plutôt la dia-

---

12. Pour une brève présentation de l'histoire de la rhétorique, voir Michel Meyer, *Questions de rhétorique. Langage, raison et séductions*, Paris, Librairie générale française, 1993.

Introduction 9

lectique éristique[13] a moins affaire à la vérité qu'au vraisemblable ou au plausible. Elle cherche moins à soutenir qu'à essayer d'avoir toujours raison dans une discussion et de prendre les moyens pour y parvenir. Elle relève, chez Schopenhauer, de l'art de la guerre. On imagine l'effroi des scientifiques devant une telle particularité. S'en éloigner est même une obligation si on veut que la science conserve un statut objectif et neutre.

Persuader vise l'adhésion de son interlocuteur ou d'un public à ses idées ou à son propos. Elle est souvent associée à la démagogie, au populisme, à la sophistique[14], car elle fait appel souvent aux passions, aux sentiments (*pathos*), aux stratégies pour gagner un débat. La question de l'utilité de la rhétorique se pose avec pertinence: «[...] sert-elle à démasquer les artifices du langage, les fausses pensées, ou au contraire est-elle l'instrument démoniaque qui les instaure, pour mieux envoûter ceux qu'elle trompe[15]?» Le rhéteur serait un trompeur, voire un menteur; il sait bien parler et, possédant ce don, il essaie de mieux nous duper et nous mystifier[16]. Son talent n'a d'égal que la futilité de son propos. Qui n'a jamais assisté à une conférence où l'orateur suscite l'intérêt de tous uniquement par son talent de discoureur? Il y a de bons orateurs capables de faire accepter n'importe quelle thèse; il suffit de savoir utiliser à bon escient le *pathos*, l'*ethos* et le *logos*[17]. Pourquoi alors en parler dans

---

13. L'*éristique* désigne une manière d'argumenter dont l'objectif explicite est de gagner les débats et de dominer son adversaire.
14. Le sophisme est un raisonnement faux qui a toutes les apparences d'un syllogisme valable. Le sophiste joue avec le contenu des propositions du syllogisme. Par exemple, le sophisme du tas de sable. Combien faut-il de grains de sable pour faire un tas de sable? Il n'y a pas de réponse satisfaisante, de vérité, à cette question. Si je dis 10 000 grains de sable et que j'en ai 9 999, alors il faut un grain de sable pour faire un tas de sable. À 9 998 grains, il en faut deux. À 9 997, il en faut trois. Le raisonnement peut se poursuivre ainsi à l'infini.
15. Michel Meyer, *op. cit*, p. 8.
16. On pense à la fable de La Fontaine «Le renard et le corbeau», mais l'exemple contemporain de la politique et des politiciens est encore plus convaincant. Il a suffi d'entendre les témoins lors de la Commission Gomery sur le scandale canadien des commandites. Certains journalistes ont même louangé la performance d'un ancien premier ministre canadien impliqué dans ce scandale pour s'en être bien tiré en laissant le commissaire sans voix. On se demande encore pourquoi les gens sont cyniques.
17. Il peut soutenir avec la même éloquence une chose et son contraire: l'existence de Dieu et son impossibilité. Il est intéressant de prêter à la rhétorique un tel pouvoir qui, s'il s'avérait efficace, et il n'y a pas de raison d'en douter, remet en cause toute idée de vérité. Il ne peut y avoir de vérité si tout est *équiprimordial*. Selon que l'on croit en Dieu ou non, on considérera qu'un argumentaire est plus vrai que l'autre. Mais ce n'est là que croyance et non en soi un argument. Imaginons que la croyance soit un argument; on ne peut que la considérer comme ultime, c'est-à-dire

le cadre d'une recherche de maîtrise ou de doctorat ? Heureusement, elle n'est pas que cela et l'éristique n'est qu'une partie de la rhétorique. Ce serait très réducteur de la résumer qu'à cela, comme il serait tout autant simpliste de vouloir soustraire l'éristique de la science. Il existe une autre version de la rhétorique et, puisqu'il faut persuader, voyons comment elle peut être utile à notre propos.

Michel Meyer propose une définition plus attrayante : « [...] c'est la négociation de la distance sociale entre des hommes à propos d'une question, d'un problème. Celui-ci peut d'ailleurs aussi bien les réunir que les opposer, mais il renvoie toujours à une alternative[18]. » Considérée ainsi, la rhétorique n'apparaît pas seulement comme un instrument au service des démagogues, des publicistes ou des politiciens intéressés et malhonnêtes. Elle représente un moment de négociation entre les hommes, une manière de réduire ce qui les sépare. Le problème – ce à propos de quoi on discute ou on débat – réunit les hommes. Marc Angenot défend une idée contraire. Il soutient que l'argumentation n'arrive jamais à réconcilier ceux qui discutent et qu'en fait chacun refuse d'entendre l'autre, se campant sur ses positions quel que soit l'argumentaire utilisé[19]. On ne persuade jamais. Il n'est pas dit que la rhétorique résout les conflits ; il faut plutôt la penser comme une rencontre obligée, une mise en présence. Il ne s'agit donc pas seulement de persuader, certes une dimension importante, mais trop réductrice. C'est un moment privilégié où des hommes se rencontrent et se parlent à propos de quelque chose. On ne sait pas si, comme l'affirme Meyer, elle renvoie à des alternatives, mais chose certaine, le problème, objet de la rencontre, ne sera jamais plus le même après celle-ci.

En ce sens, son rôle est capital et il l'est d'autant plus pour le candidat à la maîtrise ou au doctorat qui doit communiquer ses recherches. On conçoit qu'il vise à faire comprendre la Thèse qu'il a défendue, à expliquer son hypothèse. Autrement dit, il veut partager dans une rencontre, le mémoire de maîtrise ou la thèse de doctorat, ses idées sur un problème. Il les défend parce qu'il est persuadé qu'elles permettent de mieux expliquer ou comprendre le monde dans lequel nous vivons,

---

l'argument définitif contre lequel la raison trouve sa propre limite. C'est possible seulement au prix d'une remise en cause radicale du rationalisme ou en supposant un système de référence idéel qui ne peut à son tour subir l'épreuve du doute.
18. Michel Meyer, *op. cit.*, p. 22-23.
19. Marc Angenot, *op. cit.*

sans en être complètement certain tant que d'autres n'ont pas partagé ou examiné avec soin son hypothèse ou sa proposition de recherche et les arguments sur lesquels ils se fondent. Son importance justifie amplement l'effort à mettre pour persuader, l'application à séduire.

Séparées, rivales en certaines occasions, l'argumentation et la rhétorique sont indispensables au candidat à la maîtrise et au doctorat. On ne peut en effet séparer la recherche de la vérité, de la certitude, et la volonté de la faire partager, d'être entendu et écouté. On a trop souvent sacrifié la seconde au profit de la première sans se rendre compte que c'était impossible. Prendre la parole pour dire quelque chose et être entendu n'est pas une chose si simple. Si, généralement, le droit de parole est reconnu, il n'en est pas de même pour celui d'être entendu. Il faut se disposer à parler et disposer ceux qui écoutent à bien recevoir ce qui est dit. Il ne s'agit pas de parole d'évangile ; la rhétorique est souvent source de conflits, d'oppositions. On parle plutôt de créer les conditions d'un échange fertile. Dans ce dessein, il faut tenir compte des interlocuteurs, se préparer pour qu'ils puissent entendre ce que je veux leur dire et en retour me disposer à les écouter. C'est cela, en grande partie, l'art de la rhétorique.

Une fois reconnue l'importance de l'argumentation et de la rhétorique, il faut voir maintenant comment elles s'inscrivent dans la démarche de recherche, son lien étroit avec le cadre d'analyse et son hypothèse ou sa proposition de recherche. En procédant ainsi, le lecteur est toujours en mesure d'apercevoir où se situe l'argumentation et de comprendre les liens entre les parties de son mémoire ou de sa thèse. C'est peut être la différence notable de cet ouvrage par rapport à ce que l'on trouve habituellement sur l'argumentation et la rhétorique qui consiste en des exposés techniques sans référence à leur utilisation pour une recherche universitaire.

Il faut aussi montrer sur le plan théorique comment construire un argumentaire de manière efficace et pertinente par rapport à sa Thèse. L'importance de bien bâtir une structure argumentative pour sa Thèse fera l'objet du troisième chapitre. Nous insisterons sur l'importance du plan logique. Il joue un rôle primordial, nous l'avons souligné, à ce niveau. Enfin, cet ouvrage ne saurait être complet sans un chapitre sur la rhétorique, sa place et son efficacité dans le travail d'écriture du mémoire de maîtrise ou de la thèse de doctorat. Il nous a paru impossible de traiter de mémoire ou de thèse sans référence à la rhétorique. Il est vrai que c'est assez inhabituel tant les deux sont usuellement séparés. Nous croyons que la rhétorique peut avoir une utilité si, comme on le croit, elle est autre chose qu'un outil de manipulation et de propagande. L'éristique, à partir du moment où l'argumentation confronte un proposant à un opposant, a certainement un rôle à jouer. Nous espérons l'exposer. La rhétorique, nous croyons l'avoir exprimé, est un outil efficace qui, complémentaire à l'argumentation, aidera à écrire et à défendre plus efficacement sa Thèse.

Ce livre a cette particularité d'exposer de manière quelquefois assez abstraite des considérations théoriques sur argument et raisonnement, hypothèse et proposition de recherche, explication et compréhension. Sachant que cela peut rendre la lecture du texte à l'occasion ardue, nous avons toutefois cru ces considérations nécessaires. Il n'y a pas de choix méthodologiques qui ne reposent sur des fondements philosophicothéoriques. Cela permet de comprendre les choix que l'on est nécessairement amené à faire.

Nous sommes persuadés, malgré un langage souvent technique, de l'intérêt de ces considérations. De la même manière, nous avons cru important de parler de rhétorique dans un ouvrage sur l'argumentation, alors que ce n'est généralement pas le cas. Nous avons pensé que le lecteur devait connaître les fondements de ce qu'il allait faire et savoir à tout moment où il se situait dans sa démarche de recherche, ce qu'il faisait. Cette vision offre l'avantage de savoir pourquoi et à quel moment on fait ce que l'on doit faire. Ce n'est pas rien, mais ce n'est surtout pas un livre de formules, un prêt à utiliser pour bien argumenter. Son utilité se mesure à la connaissance théoricométhodologique qu'il propose. En ce sens, les exemples sont nombreux, diversifiés et aptes à aider le lecteur dans ses tentatives pour construire un argumentaire pour son mémoire de maîtrise ou sa thèse de doctorat.

CHAPITRE

LA STRUCTURE ARGUMENTATIVE

On ne retrouve dans l'objet que ce qu'on y a introduit.

E. Kant

Tout mémoire de maîtrise ou thèse de doctorat suppose une certaine structure argumentative, c'est-à-dire un argumentaire composé d'une suite de raisonnements logiquement articulés. Il est important de le souligner car le travail de recherche repose sur des énoncés postulatoires (hypothèse ou proposition de recherche) qu'il faut justifier et, par conséquent, argumenter. L'argumentaire permet au candidat à la maîtrise ou au doctorat (désormais désigné comme le *proposant*) de soutenir la Thèse défendue et de la faire accepter comme vraisemblable, plausible ou crédible par la communauté scientifique[1]. Ce faisant, il présente à cette communauté une interprétation ou une explication

---

1. Nous croyons, à l'inverse de certains, que l'argumentation ne démontre pas la vérité d'une hypothèse, mais seulement sa vraisemblance, sa plausibilité ou sa crédibilité. La position épistémologique qui est défendue ici nous apparaît davantage refléter l'usage qui est fait des hypothèses ou des propositions de recherche. Il y a peu de chercheurs, sans nier leur existence, qui croient encore à la vérité de leur hypothèse même s'ils ont des données empiriques qui la vérifient. Vérifier et vérité sont en général considérés comme condition l'une de l'autre, la vérification étant la condition par laquelle est établie la vérité d'une proposition. Mais déjà une telle définition est relative au contexte scientifique et selon le niveau de formalisation des systèmes théoriques. Dans un système formel, comme les mathématiques, on parlera plutôt de vérité sémantique, désignant par cette expression une interprétation. Que certains croient à la vérité est une chose ; la réception de leur hypothèse par la communauté scientifique se limite

pertinente d'un phénomène, d'une situation ou d'un objet de savoir qu'il a construit. Gardons à l'esprit qu'un mémoire ou une thèse s'inscrit dans un cadre universitaire qui a des exigences propres quant à l'énoncé de la Thèse et de son argumentation. L'article ou l'ouvrage scientifique possède des requêtes légèrement différentes.

L'argumentaire est le dispositif par lequel nous tentons de faire accepter par la communauté scientifique (par ses pairs : ici les membres du jury du mémoire de maîtrise ou de la thèse de doctorat que nous désignerons désormais comme *opposants*[2]) la Thèse défendue. On formule souvent la question suivante : «Comment construit-on un argumentaire solide capable de soutenir notre Thèse et de la faire accepter par nos pairs ?» C'est à cette question que nous tenterons de répondre dans les prochains chapitres. Mais avant de s'attaquer à cette tâche centrale et multidimensionnelle, il faut examiner comment se déploie cette structure et cette dynamique argumentatives entre le *proposant* (candidat à la maîtrise ou au doctorat) et les *opposants* (jury). On pourra alors voir sur quelles bases se construit un raisonnement argumentatif.

Pour bien, pour ne pas dire prudemment, construire une structure argumentative, il faut être capable, croyons-nous, de bien se représenter la matrice, le déploiement ainsi que la dynamique d'une argumentation propre à ce type d'étude (mémoire de maîtrise ou thèse de doctorat). La structure argumentative repose sur une disposition et des montages méthodologiques particuliers – le proposant devant argumenter son mémoire ou sa thèse face à des opposants (qui nécessairement l'évalueront pour décider de sa validité ou non) pour la faire accepter. C'est toute la structure argumentative du mémoire ou de la thèse par son déploiement, sa force de démonstration, de persuasion et de pénétration qui fera, essentiellement, admettre ou non la Thèse ou la Conclusion[3]. On comprend alors pourquoi il faut d'une part construire un argumentaire solide capable de convaincre et de persuader les opposants (nous verrons ce point dans les prochains chapitres) mais, d'autre

---

plus souvent qu'autrement à y voir une conjecture, une proposition heuristique ou un énoncé plausible ou crédible. On pense aussi que l'argumentaire ne doit pas strictement se limiter à la communauté scientifique.

2. L'*opposant* est défini comme celui à qui s'adresse la Thèse énoncée. Dans le cadre d'un mémoire de maîtrise ou d'une thèse de doctorat, on pense immédiatement aux membres du jury.
3. Le terme *conclusion* est souvent utilisé en logique de l'argumentation comme synonyme de Thèse. Dans ce cas de figure, les deux mots seront accolés.

La structure argumentative 15

part, pourquoi il faut également saisir le canevas général de l'argumentation d'un mémoire ou d'une thèse. Il nous aidera nécessairement à construire une preuve solide et rigoureuse. Ce dernier aspect nous occupera dans les prochaines pages.

Si nous voulions représenter schématiquement la logique et la structure argumentatives d'un mémoire de maîtrise ou d'une thèse de doctorat nous pourrions, à quelques variables près, proposer le modèle de structure argumentative suivant.

Comme le montre le schéma, nous remarquons qu'il y a dans une structure argumentative, tel que déjà mentionné, un proposant et un opposant. Ce sont les points nodaux ainsi que la première particularité d'une structure argumentative. Le proposant présente une recherche dans laquelle il défend une assertion qui prend la forme d'une hypothèse ou d'une proposition de recherche qu'il doit justifier, c'est-à-dire qu'il doit fournir ce qui garantit sa vraisemblance, sa crédibilité ou sa plausibilité. Par exemple, je défends la thèse d'une relation entre la langue d'usage et le parti politique pour lequel je vais voter. Malgré une formulation encore trop générale, on comprend le principe de la Thèse ; il y a un lien entre la langue d'usage (français/anglais/autre) et le vote pour un parti politique (Parti bleu, rouge et vert). Les opposants n'évalueront pas l'assertion elle-même, mais ce qui atteste de sa valeur. Ils n'ont pas à discuter, en faisant abstraction de la qualité de la revue de la documentation – ce que certains appellent la revue de la littérature – ou de l'état de la question, de la valeur de l'énoncé lui-même. Est-il pertinent de faire ou non cette recherche, ce lien est-il intéressant ? Ces questions n'ont pas à être prises en compte à ce moment-ci par l'opposant. Le rapport proposant/opposant constitue la dynamique méthodologique et pédagogique d'un mémoire de maîtrise ou d'une thèse de doctorat. Voyons d'un peu plus près cette conception du proposant et de l'opposant.

Il faut souligner d'entrée de jeu que le proposant est celui qui fait la recherche (le mémoire de maîtrise ou la thèse de doctorat)[4]. Il a non seulement l'initiative, mais il a aussi toute liberté de proposer, à l'intérieur du champ cognitif de sa discipline ou d'autres discipline scientifiques connexes et reconnues, en autant qu'il soit en mesure

---

4. Pour la suite, nous répéterons l'énoncé « mémoire de maîtrise ou thèse de doctorat » seulement lorsqu'il sera nécessaire à la compréhension du propos. Il est assez évident que nous traitons de ce type de recherche.

16   *Argumenter son mémoire ou sa thèse*

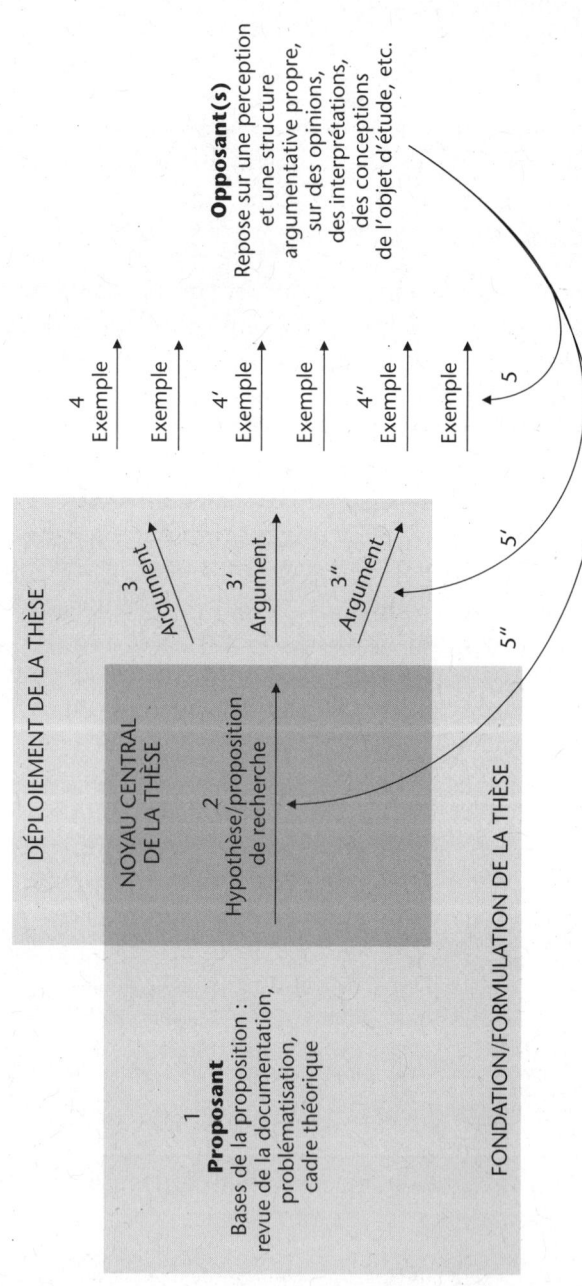

La structure argumentative

La structure argumentative 17

d'argumenter solidement. Poursuivons. L'essentiel de son travail consiste à formuler une idée, un point de vue, un angle de vision sur un objet d'étude pour qu'on en délibère. Idée, point de vue ou angle de vision ne sont pas équivalents, nous en sommes conscients. La distinction n'est cependant pas pour le moment essentielle au propos. On imagine qu'un travail de recherche part d'une idée des plus vague ou générale. Le chercheur doit la transformer en une proposition ou en un énoncé dont la visée est précise. Il s'agit d'une proposition qui met en relation, qui relie formellement des variables, ou qui énonce une signification défiante. C'est la formulation d'une Thèse, et c'est très connu des étudiants ; une assertion au sens fort du terme, un engagement sur la vraisemblance ou la crédibilité de la proposition. Sans chercher à être trop technique, disons encore brièvement un mot sur cette proposition. L'énoncé d'une Thèse est un engagement, au sens d'une intention, pris par le proposant de chercher à montrer la valeur de celui-ci. Un engagement qui se trouve dans le libellé de la proposition lui-même car il représente une prise de position dans une controverse ou un débat qu'il a exposé dans sa revue de la documentation. Cet engagement domine son travail car, à cette étape, il est déjà préoccupé ou il devrait l'être par l'idée d'argumenter, de soutenir sa Thèse à l'aide d'autres propositions.

Cette proposition exige une justification. Le mot *justification* signifie « rendre raison » et il est utilisé pour défendre le bien-fondé d'une conclusion[5]. En principe, il existe un cheminement reconnu, épistémologie de la discipline, quant à la justification d'une Thèse. On demande au proposant de suivre cette démarche. L'opposant est celui qui généralement évalue les justifications et sur cette base accepte ou refuse la proposition. Habituellement, celle-ci est formulée sous la forme d'une hypothèse ou d'une proposition de recherche. Nous en dirons davantage à son sujet un peu plus loin. La Thèse est déduite et repose sur certains préalables méthodologiques qu'il importe de bien connaître et surtout de bien respecter. Le travail de recherche commence avec

---

5. La définition est tirée de Sylvain Auroux (dir.), *Encyclopédie philosophique universelle. Les notions philosophiques. Dictionnaire*, Tome 1, Paris, Presses universitaires de France, 1990, p. 1413.

la revue de la documentation ou l'*état de la question*[6]. Il débouche sur la problématisation de la littérature pertinente puis sur l'élaboration d'un cadre théorique.

Il faut se rappeler, n'en déplaise à certains, que c'est le proposant qui établit et construit l'objet d'étude de son mémoire de maîtrise ou de sa thèse de doctorat. Mais il n'est pas bâti n'importe comment. Il s'édifie à l'aide de ce qu'il est convenu d'appeler la *revue de la documentation* (pour les étudiants à la maîtrise) ou l'*état de la question* (pour ceux du doctorat). Présentons-là succinctement. Cette étape, centrale et incontournable dans une recherche universitaire, consiste à identifier la littérature pertinente – idéalement[7] les ouvrages et articles scientifiques – à notre sujet d'étude, et de la présenter de manière organisée en associant ou en dissociant les ouvrages de cette littérature selon certains critères d'ordre épistémologique ou méthodologique par exemple. Il faut la soumettre enfin à un examen critique, c'est-à-dire identifier dans la littérature les lacunes, les absences, les questions sans réponse, les problèmes sans solution, etc. Tout ce travail critique sert à montrer comment le sujet a été traité dans la littérature et à souligner ce qui reste à découvrir. Sans élaborer trop longuement sur l'état de la question, disons simplement qu'elle a des exigences qui lui sont propres. Selon José Havet, « [...] l'état de la question est [lui]-même une contribution intellectuelle importante dans la mesure où [il] remplit les deux fonctions suivantes : [...] fournir des informations concrètes sur quelques-uns des sous-domaines d'une discipline donnée ; montrer comment une discipline s'est formée et institutionnalisée, les thèmes de recherche privilégiés ou négligés, les grandes orientations théoriques, méthodologiques, les valeurs communes, les directions de recherches futures, etc.[8] ». L'état de la question suppose l'identification des différents apports à l'institutionnalisation de la discipline. C'est à cette étape que le proposant construit son objet en formulant une question spécifique de recherche à laquelle il va répondre par une Thèse qu'il

---

6. Voir pour la démarche de recherche Lawrence Olivier *et al.*, *L'élaboration d'une problématique de recherche : sources, outils méthodes*, Paris, L'Harmattan, 2005.
7. Nous disons *idéalement* car il arrive qu'il y ait peu ou pas de littérature scientifique portant sur notre sujet. On travaillera avec la littérature existante ; cela ne sera pas sans conséquence sur la formulation de notre Thèse. Voir sur cette question Lawrence Olivier *et al.*, *op. cit.*
8. José Havet, *Les études du développement international au Canada*, Montréal, Presses de l'Université de Montréal, 1985, p. 34.

s'engage à justifier. La Thèse prend en général la forme d'une hypothèse à vérifier ou d'une proposition de recherche à justifier ou argumenter. Cette étape est essentielle pour l'anticipation des éventuelles critiques au sujet de la Thèse proposée, comme nous le verrons au chapitre 4.

Une fois la revue de la documentation ou l'état de la question complété, il est couramment recommandé de présenter le socle théorique à l'aide duquel on pourra formuler notre Thèse. Autrement dit, il faut exposer les bases théoriques sur lesquelles s'appuient la recherche et la formulation de la Thèse. Il est hautement conseillé dans la communauté universitaire et scientifique de faire appel à un *cadre théorique*[9]. La théorie est un ensemble de propositions liées formellement selon les règles de la logique. Le cadre théorique est une tentative ou un effort plus ou moins réussi de rendre la théorie applicable à l'explication ou à la compréhension de certains phénomènes empiriques. On désigne par cette expression un ensemble plus ou moins agencé, cohérent et défini de concepts (représentation abstraite, simplifiée et organisée du réel), ayant une valeur explicative ou de compréhension[10]. Il offre habituellement une lecture encadrée de l'objet en fournissant des variables explicatives ou une signification au phénomène étudié. Ces variables ou cette signification permettent soit des jugements synthétiques où l'objet est pensé à l'aide d'attributs nécessaires, soit la révélation grâce à la signification que le proposant lui prête de l'essence de sa manifestation. On pense par analogie au télescope qui permet de voir et d'observer l'univers céleste qui nous entoure et sans lequel le ciel n'est que diversité d'étoiles, de planètes, de points lumineux inconnus. Cette analogie est intéressante malgré ses limites car, comme le cadre théorique, elle permet d'observer une réalité – qui pour plusieurs resterait soit inconnue soit incompréhensible –, d'en décrire les détails, de rendre visibles les zones d'ombre, d'observer des rapports, etc. C'est un instrument nécessaire à l'explication ou à la compréhension sans lequel on ne verrait aucun phénomène ou, dans le meilleur des cas, on l'interpréterait seulement en surface.

---

9. Le terme *cadre théorique* est assez usuel, on ne sera pas surpris d'entendre parler de cadre d'analyse, de théorie, etc. Ces termes sont en général synonymes. Un ouvrage sur la théorie et le cadre théorique en sciences sociales est en cours de préparation. On y trouvera un exposé complet de cette étape très importante de la démarche de recherche avec ses limites et ses travers.
10. Cette définition du cadre théorique est trop courte pour avoir une valeur opérationnelle. Nous n'avons pas voulu présenter une définition étendue de la théorie car ce n'est pas l'objet de cet ouvrage et surtout une présentation plus serrée exigerait de longs développements qui ne peuvent avoir place ici.

Il est essentiel de bien suivre ces étapes de la démarche puisqu'elles servent d'assises et de tremplin à l'hypothèse ou à la proposition de recherche. Elles sont au cœur de l'argumentation, tout en restant des préalables, d'un mémoire de maîtrise ou d'une thèse de doctorat. Préalables, cependant, sans lesquels il n'y a pas de recherche de nature scientifique.

Bien qu'elle ne soit pas un argument en soi, la Thèse est le point de départ de toute la structure argumentative. L'argumentation est précisément la justification attendue de l'assertion, un engagement sur la vraisemblance ou la crédibilité de la proposition. Le but de l'argumentation d'un mémoire de maîtrise ou d'une thèse de doctorat repose sur cet engagement, c'est-à-dire sur deux choses : 1) Il existe des jugements qui permettent de soutenir et de défendre la Thèse. Ces jugements, le proposant les construit et les formule. Insistons sur le fait que le proposant doit construire ses arguments. Ils ne sont que très rarement donnés. 2) Il est possible d'organiser – hiérarchiquement – selon des règles de pensée rigoureuse l'ensemble de ces jugements en une preuve. Pour être plus précis, il faudrait plutôt dire que le proposant *doit* organiser hiérarchiquement ses arguments pour en faire une preuve. Nous verrons comment dans un chapitre ultérieur.

La preuve permet de décider de la validité ou non de la Thèse défendue. Sur des bases mal établies, toute la structure argumentative se trouve fragilisée, voire défaillante. L'étude reposant sur des jugements de valeur ou des collages épistémologiques non justifiés laisse ainsi place à davantage de critiques ou d'objections. La recherche, sans bonne revue de la documentation ou état de la question par exemple, risque de sombrer dans le *pseudo-scientisme*[11] ou la simple opinion. Elle risque de flirter avec la multiplication des interprétations possibles de l'objet d'étude ou de faire l'objet encore de critiques méthodologiques, épistémologiques diverses impossibles à répondre ou à réfuter adéquatement. On comprend qu'on ne peut prendre à la légère le travail d'argumentation

---

11. L'expression *pseudo-scientisme* utilisée ici renvoie à un type de jugement flou, difficile à cerner car les critères qui déterminent ce qui est scientifique ou non sont fort variables, délicats à établir dans le domaine des sciences sociales dont les théories sont peu formalisées. Parler du « réalisme » comme d'une théorie relève de l'usage abusif du terme théorie. On pourrait en dire autant du féminisme, du marxisme ou du libéralisme, qui ne sont au mieux que des doctrines militantes.

Une fois ces principes mis en œuvre, nous avons posé les bases sur lesquelles d'une part, l'étude peut s'appuyer et se déployer, et d'autre part, ces points de repère bien établis et élaborés, nous sommes en mesure de formuler l'hypothèse ou la proposition de recherche. Celle-ci répond à l'aide d'une proposition à la problématique et, plus exactement, à une question spécifique de recherche.

Voyons ce que signifie une Thèse. Il règne en sciences sociales une certaine confusion quant à la définition et à l'utilisation des notions suivantes: Thèse, hypothèse et proposition de recherche. Souvent utilisées, à juste titre, comme synonymes, elles ont tout de même certaines spécificités propres qu'il est pertinent d'exposer. La Thèse n'est pas à proprement parler une hypothèse ou une proposition de recherche, comme nous le verrons dans les prochaines lignes. Certains pourraient s'objecter à distinguer, de façon substantielle, une Thèse, une hypothèse et une proposition de recherche et pourraient être tentés de demander quelle différence il peut subsister entre chacune d'elles. Ils ne voient pas l'intérêt d'opérer ces distinctions puisque l'usage qui habituellement ne le fait pas aurait finalement peu de conséquence sur la démarche de recherche. Il est pourtant légitime de poser la question de la pertinence de les différencier dans un ouvrage consacré à l'argumentation.

L'argument en faveur d'une telle distinction est toutefois fort simple. Puisqu'elles présentent des nuances importantes fondées sur des distinctions assez substantielles au plan notionnel, il devient essentiel de les dégager, d'identifier les différences qui les distinguent. L'hypothèse, sa logique et sa structure argumentatives, diffère de la proposition de recherche et de la Thèse. Leur nature, leur structure et leurs objectifs divergent d'une manière assez marquée. Ils n'ont pas la même extension ni la même consistance. Voyons quelles sont ces nuances et pourquoi l'hypothèse et la proposition de recherche s'argumentent différemment.

La Thèse, c'est une affirmation, explication ou signification, que l'on propose, défend et tente de faire accepter par le ou les opposants. Le terme vient du grec ancien *thesis*, qui signifie «action de poser». Cette définition, un peu courte nous en convenons, nous permet cependant d'apercevoir à l'horizon de la compréhension et de l'interprétation sa signification. L'action de poser, *theinai* en latin, se rapporte à une proposition qui défend une position; cette position est assez forte pour que je sois disposé à la soutenir contre ses adversaires, ses contradicteurs éventuels ou simplement pour en montrer la vraisemblance. La Thèse a essentiellement deux caractéristiques : 1) C'est une prise de position ; une affirmation que l'on tient pour vraie ou vraisemblable sur un objet, un phénomène qui est volontairement soumis à la vérification, à la discussion ou au débat. 2) La Thèse exige un raisonnement puisqu'elle est un engagement – du fait d'être une prise de position que l'on veut prouver – à en garantir la vraisemblance, la crédibilité ou la plausibilité. De plus, à titre de prise de position, elle se confronte nécessairement avec d'autres prises de position. Elle va, par conséquent, heurter d'autres positions sur la question débattue. Il est donc indispensable de l'argumenter. L'argumentation, au contraire de la démonstration, suppose le conflit et la confrontation[12]. Elle présage fatalement la confrontation et même le conflit ; elle s'élabore dans un contexte de raisonnements et de contre-raisonnements.

La démonstration est plus « calme » et moins « agitée ». La théorie de la démonstration vise, après la formalisation d'un domaine (la mathématique, essentiellement) de connaissance, à en vérifier la consistance. La démonstration s'intéresse au processus par lequel on arrive à la vérité. Une telle définition est trop limitative au domaine des mathématiques et trop théorique pour nous servir. Disons plus simplement, au prix d'une grande réduction de sa signification, qu'elle consiste à établir la vérité d'une proposition en la déduisant d'autres propositions considérées comme admises ou acceptées. Elle repose sur la force, la nécessité, des liens interpropositionnels. La distinction entre *argumenter* et *démontrer* repose ici, à partir d'une simplification abusive, sur le point de départ. Argumenter pose des prémisses, en laissant en suspens la question de leur vérité ou de leur fausseté, alors que la démonstration pose des prémisses considérées comme démontrées.

La Thèse, c'est ce qu'on retiendra d'une recherche, correspond *grosso modo* à l'idée globale que l'auteur veut défendre parce qu'elle coïncide avec sa position sur cette question. Celle-ci est beaucoup moins précise que l'hypothèse ou la proposition de recherche. Générale, il faudra la transformer en une hypothèse ou une proposition de recherche. D'ailleurs, elle peut donner lieu à une ou plusieurs hypothèses ou propositions de recherche. Elle est moins précise sur deux

---

12. Voir Mariana Tutescu, *Introduction à l'étude du discours*, Bucarest, Universitatea din Bucuresti, 2003.

plans; c'est une prise de position sans que l'on sache encore très bien quel(s) aspect(s) de la réalité elle met en relation; elle ne permet pas de mener concrètement la recherche. La prise de position – globale ou générale – exige, on le comprend mieux maintenant, qu'elle soit opérationnalisée en une ou plusieurs hypothèses ou propositions de recherche. Par exemple, j'énonce la Thèse suivante: Dans la société québécoise, la langue est une variable importante dans le comportement électoral des Québécois. La proposition est générale; trop pour qu'on puisse à ce moment-ci construire une démarche de vérification pertinente et propre à l'explication de la Thèse. La Thèse devra être opérationnalisée en une hypothèse plus précise

Comme nous l'avons dit précédemment, l'hypothèse est plus précise et davantage collée à son objet que ne peut l'être la Thèse. Marie-Fabienne Fortin l'exprime fort justement: l'hypothèse est l'«[é]noncé formel qui prédit la ou les relations attendues entre deux ou plusieurs variables. C'est une réponse plausible au problème de recherche[13].» Dans le même sens, Gordon Mace explique ce qui suit:

> L'hypothèse peut être envisagée comme une réponse anticipée que le chercheur formule à sa question spécifique de recherche. Tremblay, Mannheim et Rich la décrivent comme un énoncé déclaratif précisant une relation anticipée et plausible entre des phénomènes observés ou imaginés[14].

Pour Madeleine Grawitz, enfin, «[l]'hypothèse est une proposition de réponse à la question posée. Elle tend à formuler une relation entre des faits significatifs[15].» En somme, issue du cadre théorique, l'hypothèse est une réponse affirmative et concrète ayant une valeur explicative. Une bonne hypothèse permet surtout d'expliquer un phénomène. Elle est une opérationnalisation de la Thèse. Plus précisément, et la définition de Fortin est très complète, elle anticipe la relation entre deux ou plusieurs variables. Voyons ce qu'il en est.

L'hypothèse met en relation au moins deux variables: 1) Une *variable indépendante*. On dit en général que c'est la variable explicative, celle qui permet de prédire la relation de la variable dépendante. Elle

---

13. Marie-Fabienne Fortin, *Le processus de la recherche: de la conception à la réalisation*, Ville Mont-Royal, Décarie Éditeur, 1996, p. 365.
14. Gordon Mace, *Guide d'élaboration d'un projet de recherche*, Québec, Presses de l'Université Laval, 1988, p. 35.
15. Madeleine Grawitz, *Méthodes des sciences sociales*, Paris, Dalloz, 1990, p. 443.

peut être conçue comme une cause, une explication, une variation, une influence, etc. 2) Une *variable dépendante*. Elle est la conséquence de la variable indépendante (elle dépend; elle est en réaction à l'action de la variable indépendante), est celle que l'on cherche à expliquer. L'hypothèse doit présenter cette relation dans sa formulation et elle doit offrir une explication, permettre d'établir que la cause opérante est efficiente ou finale. Par exemple, dans: L'action économique du gouvernement des États-Unis, plus précisément sa nouvelle politique sur le bois d'œuvre, entraîne une décroissance de la production des compagnies québécoises de bois d'œuvre. On retiendra la *variable indépendante*: la politique du gouvernement des États-Unis sur le bois d'œuvre; la *variable dépendante*: l'exportation des compagnies québécoises de bois d'œuvre; et le *marqueur de relation*: entraîne.

Une hypothèse possède toujours un marqueur de relation. C'est sa partie la plus décisive. Il s'agit en général du verbe de la proposition. Il a une grande portée: dire que X est la cause de Y établit non seulement le type de relation que l'on pose entre X et Y mais, en même temps, le type d'explication recherché, car le marqueur de relation en précise la nature. Ici, l'hypothèse affirme qu'il existe un rapport de cause à effet entre les deux variables. Ce n'est pas la même chose que dire que X varie selon Y ou que W influence Z. Dans l'exemple du paragraphe précédant, le verbe *entraîner* oriente la recherche dans une direction donnée; on pense qu'il veut dire que cette mesure économique a un effet négatif, ici une décroissance de la production du bois d'œuvre québécois. Sans une telle mesure de la part du gouvernement des États-Unis, l'exportation du bois d'œuvre va soit augmenter, soit rester au niveau où elle était précédemment. Donnons encore deux exemples pour illustrer notre propos.

La première hypothèse est relativement simple: Chaque fois que l'événement X se produit, l'événement Y se produira. Si les gens retirent massivement et en même temps leur argent de la banque, celle-ci fera faillite. On a donc ici une relation de causalité simple et formalisée: si X alors Y. On ne cherche pas à savoir pourquoi il en est ainsi, pourquoi les gens agissent de cette façon. Un deuxième exemple tout aussi simple: Si la plupart des médias disent qu'un candidat à la présidence a dominé lors d'un débat des chefs, les gens diront en majorité eux aussi, lorsque sondés le jour après le débat, que le candidat choisi par les médias est celui qui, selon eux, l'a emporté. La relation est ici d'influence : les médias (variable indépendante) influencent l'opinion politique (variable dépendante) des électeurs. On voit bien l'importance du marqueur de relation et l'incidence qu'il peut avoir sur l'argumentaire. On ne cherche pas non plus à savoir comment les médias possèdent cette influence. C'est là une autre question qui n'est pas sans intérêt.

Le marqueur de relation définit la démarche à suivre. On n'argumente pas de la même façon une relation de cause à effet et une relation d'influence. Sans une *définition claire* du marqueur de relation, il est très difficile d'échafauder un argumentaire rigoureux. Dire qu'une chose en entraîne une autre ne suffit pas ; encore faut-il préciser laquelle et comment. Une fois connus ces éléments, on a une idée plus précise de la manière dont il faut argumenter. Reprenons notre exemple. On sait qu'il fixe une période ; celle où les mesures économiques de États-Unis sont entrées en vigueur et le moment où elles ont eu l'incidence que l'on veut mesurer. Il faudrait ensuite mesurer quantitativement s'il y a eu décroissance de la production du bois d'œuvre. Puis, il nécessitera de montrer que les deux sont associées. Enfin, il faudra démontrer que cette décroissance n'est pas seulement la conséquence d'un ralentissement saisonnier et d'une industrie en perte de vitesse. Une telle définition est à chercher dans des cadres d'analyse ou à bâtir soigneusement.

Nos exemples l'illustrent bien : sans une idée claire et précise de ce que veut dire la causalité et surtout d'opérationnaliser ce lien, on voit bien la difficulté que pose l'argumentation du premier exemple. Comment, à partir de mes recherches, des données colligées et agrégées, j'établis un rapport de causalité assez fort pour que ma Thèse, de dubitative, devienne plausible. Il ne faut pas croire que l'influence est plus facile à argumenter. C'est une chose très difficile de montrer que les médias influencent nos idées et nos comportements. Ce n'est pas faute d'avoir essayé en ce qui concerne les débats télévisés opposant les chefs des différents partis lors d'une campagne électorale. Que veut dire exactement *influencer* ? Conforter certaines personnes dans leur opinion, les faire changer d'idée ou simplement les amener à voter alors que tel n'était pas leur intention, ou encore, et ce ne serait pas rien, seulement les attirer à regarder le débat entre les chefs ? Que dire enfin d'un marqueur tel que *entraîner* ? Il faudrait d'abord définir le terme *entraîner* : nature, étendue ; et le *terme négatif* qui l'accompagne (qui conduit les exportations vers la baisse): une diminution qui ne soit pas liée à une conjoncture habituelle. L'argumentaire devra montrer le lien entre la politique économique des États-Unis et la baisse des exportations.

Suivant cette logique, on explique une hypothèse. Le verbe *expliquer* signifie ici «rendre intelligible un phénomène (un objet) en le rapportant à sa cause opérante». L'explication est-elle suffisante pour qu'on accepte comme vraisemblable l'hypothèse? La question est fort pertinente et, pour plusieurs, la réponse affirmative est suffisante. Pour d'autres, des philosophes surtout, l'explication est impossible. Parler de cause renvoie à des questions philosophiques difficiles à trancher. À une cause, on peut toujours en trouver une autre, et la régression est infinie sans même passer par des registres différents d'explication. Ce faisant, on sort du domaine de notre hypothèse[16]. Laissons ici ces considérations philosophiques, et demandons-nous – une fois l'hypothèse expliquée, l'événement rapporté à sa cause opérante – ce que nous pouvons faire de plus. Nous verrons dans le chapitre 4 qu'il faut maintenant l'argumenter et comment on peut le faire.

Il arrive assez souvent, compte tenu de la nature des recherches en sciences sociales (qualitative), que l'on doive formuler des *propositions de recherche* plutôt que des hypothèses. Il existe une longue tradition philosophique et épistémologique qui, posant la spécificité des objets des sciences de l'esprit, humaines et sociales, fait appel à un autre principe d'intelligibilité. Elle propose de substituer à l'explication la compréhension, qu'on pourrait signifier ainsi: expliquer par les raisons[17]. La compréhension procède autrement que l'explication, elle, cherche à saisir un phénomène dans sa totalité à l'aide des significations intentionnelles. Elle s'intéresse aux significations, au sens que donnent les individus à leur activité, à leur comportement, à leur action dans le monde (faire correspondre une idée au phénomène; s'imprégner du phénomène et en saisir le sens pratique). La recherche sociale ne fait pas différemment; elle donne aux choses, aux phénomènes une signification. Celle-ci devra être argumentée pour se faire accepter des opposants et de la communauté scientifique; la compréhension ne

---

16. J. Largeault, *Principes de philosophie réaliste*, Paris, Klincksieck, 1985.
17. D'une certaine façon, la compréhension est une modalité de l'explication. La compréhension est la recherche d'une explication par les raisons plutôt que par une cause opérante.

La structure argumentative 27

vise pas à rapporter un phénomène à sa cause. Bien au contraire, elle cherche à répondre à la question : Pourquoi la signification – *proposition de recherche* – que vous proposez de tel ou tel phénomène est-elle plus crédible qu'une autre ? *Comprendre*, comme mot d'action, veut dire « chercher les significations immanentes qui rendent intelligible le phénomène – action, événement, comportement, etc. – humain ». Par signification immanente, nous voulons dire celle qui appartient aux phénomènes eux-mêmes, qui ne se rapporte qu'à soi. Nous sommes dans une logique de preuve plutôt que de vérification.

Mais que faut-il entendre par proposition de recherche ? Une proposition en logique est un jugement susceptible d'être vrai ou faux. Cet énoncé s'applique au calcul des propositions. Il faut l'entendre ici dans un sens un peu différent. Une proposition de recherche consiste essentiellement en un énoncé – phrase ayant un sens – répondant d'une manière affirmative à une question spécifique de recherche en lui donnant une signification originale. Si elle ne comporte pas à proprement dit de variables comme l'hypothèse, elle met surtout en lumière les raisons – les motifs, les intentions, les résolutions, etc. – qui rendent intelligible ou permettent de comprendre le phénomène considéré[18]. Parmi ces raisons, il y en a une qu'il faut exposer brièvement car elle permet de comprendre ce que fait une proposition de recherche qui se construit sur l'énoncé d'une signification.

L'intentionnalité[19] renvoie à une propriété de « la conscience d'être consciente de quelque chose ». La définition mérite un éclaircissement car on voit mal quel lien l'intentionnalité entretient avec la signification. Il est de deux ordres : d'abord, la conscience de quelque chose oblige celle-ci à sortir d'elle-même. On a conscience de quelque chose sans pour autant nier le fait que la conscience peut être consciente d'elle-même. Ce « quelque chose » ne vient pas à la conscience par hasard ; il relève d'une intention ou d'une visée de la conscience. Celle-ci ne devient elle-même qu'à travers cet autre. Ensuite, cette chose qui

---

18. On désigne par principe d'*intelligibilité* ce qui permet la connaissance d'un objet ou d'un phénomène. Par exemple, le pouvoir peut être considéré par certains chercheurs de science politique comme un principe d'*intelligibilité* car il permet d'observer, d'expliquer et de comprendre plusieurs phénomènes politiques : l'injustice ; la domination, le totalitarisme, la gouvernance, etc.
19. C'est à la phénoménologie d'Edmund Husserl que l'on doit cette définition de l'*intentionnalité* (*Méditations cartésiennes*, Paris, Armand Colin, 1932).

est visée par la conscience n'existe que par l'action de celle-ci. Sans la conscience, elle n'existe pas à proprement dit. Il ne s'agit pas de nier l'existence objective du monde, mais d'affirmer que c'est l'attribut le plus pauvre de la chose. Sans l'existence de la chose pour moi, sans la visée de ma conscience, celle-ci ne peut acquérir un niveau d'existence plus subtil, plus complexe. Elle reste une chose pour elle-même, inconnaissable.

C'est à cette frontière, en ce lieu de friction – conscience et objet –, qu'apparaît l'intentionnalité. Comment en effet les deux peuvent-elles entrer en friction ? L'intentionnalité est ce qui permet l'échange, l'interaction, entre la conscience et le monde. Elle est l'acte qui conduit la conscience vers son objet, lequel arrive à la conscience comme sens pour elle. Il advient comme sens et c'est ainsi que je peux le comprendre. La signification joue un rôle majeur dans l'existence de tout ce qui compose le monde. C'est ainsi qu'une partie des sciences sociales conçoit la recherche. Elle l'envisage comme recherche de sens, une connaissance plus complète parce qu'elle considère la totalité de l'existence à la seule objectivité de la chose, limitée à ses attributs mesurables. En ce sens, on préférera formuler des propositions de recherche plutôt que des hypothèses. C'est ce que l'on trouve dans la majorité des mémoires et des thèses en sciences sociales.

La proposition de recherche, à la différence de l'hypothèse qui explique, vise la compréhension. Comprendre un phénomène, on l'aura compris, ce n'est pas l'expliquer. Il s'agit de deux approches fort différentes. La compréhension d'un phénomène consiste plutôt à déchiffrer ou décoder ce phénomène (faire correspondre une idée au phénomène ; s'imprégner du phénomène et en saisir la signification pratique). Le terme *comprendre* veut dire étymologiquement « se mettre à la place de ». L'approche consiste à trouver la signification qui donne sens au phénomène étudié. Autrement dit, il s'agit d'en rendre raison, de s'identifier aux significations intentionnelles.

Le proposant formule pour sa part une proposition de recherche à l'aide d'une signification qu'il prête à son objet : la signification, ce qu'une proposition peut faire connaître, les raisons d'un comportement, d'un phénomène, d'une action, etc. Proposition qu'il s'agira aussi d'argumenter. C'est ce qu'on appelle généralement *comprendre*. Une proposition de recherche est un énoncé de sens et ne peut rarement être expérimentée, démontrée ou vérifiée. Elle sera plutôt argumentée.

La structure argumentative   **29**

    Il faut partir du fait que l'hypothèse ou la proposition de recherche est, temporairement, posée comme crédible ou plausible. Elle sera validée d'une manière plus forte par la suite grâce à la démonstration argumentative. Ce point de départ donne donc, stratégiquement, un poids argumentatif très fort puisque théoriquement la logique veut que le candidat à la maîtrise ou au doctorat – le proposant – ne présume pas que l'hypothèse ou la proposition de recherche est fausse et qu'il doit démontrer sa vérité. C'est tout le contraire qu'on lui demande. Nous partons du fait que l'hypothèse ou la proposition de recherche est vraisemblable ou crédible et qu'on doit fournir les arguments rationnellement justifiés pour la défendre[20].

    C'est à partir d'ici, après ce travail, disons, méthodologique, que commence à proprement parler l'argumentation. C'est une fois la Thèse énoncée que l'hypothèse ou la proposition de recherche est formulée. Nous l'avons dit, l'argumentation soutient, appuie, voire positionne la Thèse. Son fondement et son objectif sont de faire accepter la Thèse par les opposants et même de les convaincre de la valeur de celle-ci. Généralement, un raisonnement argumentatif se construit en deux étapes. La première étape est le raisonnement argumentatif lui-même, que nous qualifions d'argumentation primaire puisqu'il est le fondement, la manifestation si l'on veut, de l'argumentaire. Il est en quelque sorte la démonstration[21] de la Thèse, de l'hypothèse ou de la proposition de recherche. Il fait appel à des raisonnements, puisque la Thèse exige la garantie de sa vraisemblance ou sa crédibilité. La seconde étape, l'argumentation secondaire, se compose des exemples qui viendront soutenir, démontrer, faire coller une « image » au raisonnement. L'exemple est un procédé rhétorique fort efficace dans un argumentaire. Son pouvoir de persuasion est ainsi très grand. Ce serait dommage de ne pas l'utiliser.

---

20. Il existe très peu de recherche, nous n'en avons pour notre part jamais rencontré en sciences sociales, qui utilise le critère de la falsification de Karl Popper. Il y a à cela plusieurs raisons parmi lesquelles il faut mentionner l'usage assez limité de l'hypothèse. Les études qui proposent des hypothèses, presque essentiellement de nature quantitative, sont très heureuses de nous montrer qu'elles sont fondées par les données et les tests statistiques. Les chercheurs ne s'évertuent que très rarement à en tester la fausseté. Encore faudrait-il savoir ce que cela veut dire opérationnellement parlant; comment arrive-t-on, par quelle démarche démontre-t-on qu'une hypothèse est fausse. La référence à la théorie de la falsification de Popper se résume le plus souvent soit à *faire savant* soit à faire croire que la recherche fait appel, à tort, à un nouveau paradigme.
21. Le terme *démonstration* est pris ici dans son sens usuel et non épistémologique.

L'argumentation dite primaire est donc ce lieu où l'on explicitera, dans une certaine mesure, la Thèse et où, du coup, on élaborera un raisonnement structuré pour démontrer et faire accepter celle-ci par les opposants. L'argumentation est en fait l'exposition et le déploiement d'un raisonnement construit dans le respect des règles de la logique. Substantiellement, l'argumentaire se construit selon trois niveaux. Le premier est le niveau « interne », le raisonnement lui-même. Il englobe les données et les faits retenus à titre d'argument ou de jugement dans le raisonnement. Il est important de s'assurer de la pertinence des faits et des jugements en fonction de la Thèse. C'est le premier critère d'un bon raisonnement ; les jugements qui le constituent ont un lien direct et nécessaire avec la Thèse. Un lien nécessaire signifie qu'en son absence, il devient difficile sinon impossible de défendre la Thèse. Le choix des arguments, des jugements, est donc très important.

Le second est le niveau « externe » : il concerne surtout le type de raisonnement logique utilisé : déductif, inductif ou abduction. Nous allons revenir sur les types de raisonnements ; disons simplement que le syllogisme est essentiellement déductif. Cela dit, il n'est pas exclu d'utiliser un raisonnement inductif. L'abduction, pour sa part, est malheureusement peu utilisé en sciences sociales[22]. Il porte aussi sur l'organisation hiérarchique des jugements. Cette question sera abordée aux chapitres 3 et 4.

Le troisième niveau est davantage associé à la rhétorique. Il faut le mentionner car il porte sur les exemples. Nous l'avons dit, ceux-ci rendent accessible, plus claire grâce à l'illustration qu'ils proposent une explication ou facilitent grandement la compréhension. Techniquement, un argumentaire ne comporte que des jugements ; mais pourquoi se passer d'exemples qui ne peuvent que renforcer nos raisonnements en les rendant plus convaincants ?

Récapitulons. L'argumentaire est un raisonnement rigoureux et structuré fondé sur une démarche cohérente et rationnelle qui vise à faire accepter, voire convaincre, une idée ou une position (ici la Thèse, l'hypothèse ou la proposition de recherche). Bien charpentée, elle

---

22. L'abduction consiste à partir des observations colligées à formuler une hypothèse spéculative qui attend sa justification. Il s'agit d'expliquer une conclusion X par une prémisse Y. Elle possède une grande valeur heuristique car elle permet la formulation d'hypothèses originales.

comporte trois niveaux qui entretiennent entre eux des relations et des liens et qui, bien articulés, donnent force de démonstration et de persuasion. Précisons encore ceci. Il faut se rappeler que l'argumentaire est un champ logicocognitif et démonstratif qui découle indirectement d'un problème auquel il n'y a pas de solution satisfaisante trouvée. L'hypothèse ou la proposition de recherche est une réponse à la problématique de recherche et l'argumentaire est le « support démonstratif » de celle-ci. Découlant donc d'un besoin scientifique mais tout en étant « enfanté » dans la problématisation, l'argumentaire devra s'édifier avec cette lourde considération théorique et méthodologique, par exemple, en choisissant les concepts pertinents au problème identifié ou encore en élaborant hiérarchiquement les jugements, arguments ou la structure argumentative en fonction de la problématique.

Nous avons dit peu de choses sur l'opposant même s'il représente un élément structurel très important de l'argumentaire. La raison est simple: son rôle sera abordé au chapitre 4. Pour éviter des répétitions inutiles, nous n'avons fait ici que mentionner son existence.

CHAPITRE

ARGUMENTAIRE ET RAISONNEMENT

La science a partie liée avec ce qu'on lui demande de justifier.

Pierre Bourdieu

On ne peut détacher l'argumentaire du raisonnement. Pourtant, entre les deux, les liens et la différence ne paraissent pas d'emblée évidents. Ils semblent synonymes, alors qu'ils ne le sont pas. Pour clarifier ce lien, partons de l'idée d'un ensemble logique hiérarchisé. Une fois la Thèse à défendre énoncée, il faut développer un *argumentaire*; un ensemble de raisonnements pour la soutenir. L'argumentaire est plus général que le raisonnement: il renvoie aux différents « syllogismes » organisés d'une telle manière qu'il rend la Thèse vraisemblable, crédible ou plausible. On dira alors qu'elle est rationnellement justifiée par l'ensemble des raisonnements. Le *raisonnement* est une suite cohérente et nécessaire d'arguments employés pour défendre un énoncé qui demande ou exige une justification (Thèse ou Conclusion). On construit un ou des raisonnements à l'aide d'arguments. Nous reprenons la définition que donne Gilles Gauthier de l'argument: « [Il] consiste en l'ensemble articulé d'une proposition et de sa ou ses justifications[1]. » Pour être plus clair, on échafaude un argumentaire

---

1. Gilles Gauthier, « La prise de position éditoriale: l'exemple de la presse québécoise », *Communication. Information, médias, théories, pratiques*, vol. 25, n° 1, automne 2006, p. 113

pour soutenir une Thèse à l'aide de raisonnements. Ces derniers sont construits à partir d'arguments. Prenons un exemple pour nous aider à mieux comprendre ces différentes distinctions. Imaginons une thèse sur la valeur des sciences sociales :

> (T) Les sciences sociales ne sont pas véritablement des sciences. (1) Elles ne peuvent prétendre à la vérité car les phénomènes qu'elles étudient ne sont pas des réalités objectives. (2) Les phénomènes sociaux relèvent d'interprétations, de la signification que les chercheurs leur prêtent. (3) La signification des phénomènes étudiés varie selon les chercheurs. (4) Il n'y a pas de consensus sur les interprétations données. (5) De plus, il est difficile dans les sciences sociales, contrairement en sciences, de faire des expériences empiriques pour valider les théories. (6) L'expérimentation est pratiquement impossible. (7) Les sciences sociales sont des idéologies. (8) Certaines sciences comme les idéologies cherchent à intervenir dans le monde pour le transformer. (9) Or la science vise avant tout à expliquer ou à comprendre le monde à l'aide d'une théorie à partir de données empiriques. (10) Enfin, les sciences sociales sont incapables de faire des prédictions valables. (11) Une bonne théorie scientifique doit être en mesure de prédire des phénomènes, ce que ne peuvent accomplir les sciences sociales.

Cet argumentaire à propos de la scientificité des sciences sociales est divisé en plusieurs raisonnements. Nous en avons identifié quatre. Le premier se résume aux prémisses 1, 2, 3 et 4[2]. Le second raisonnement recoupe les propositions 5 et 6. Le troisième est composé des propositions 7, 8 et 9. Enfin, le dernier n'est constitué que des deux prémisses 10 et 11. Il importe d'avoir bien identifié la Conclusion, proposition qu'on cherche à justifier. Ici la proposition (T) qui affirme que les sciences sociales ne sont pas véritablement des sciences est la Thèse défendue. Ce n'est pas une hypothèse au sens où nous l'avons définie au chapitre 1. Elle s'apparente ici davantage à la proposition de recherche. On peut schématiser cet argumentaire de la manière suivante :

(THÈSE) : Les sciences sociales ne sont pas véritablement des sciences.

1er RAISONNEMENT

(1) Elles ne peuvent prétendre à la vérité car les phénomènes qu'elles étudient ne sont pas des réalités objectives.

---

2. Le terme *prémisse* utilisé ici est celui des logiciens ; nous allons le conserver pour parler des raisonnements. Cependant, le raisonnement est composé d'arguments (prémisses). Le chapitre 3 traite des arguments.

(2) Les phénomènes sociaux relèvent d'interprétations, de la signification que les chercheurs leur prêtent.

(3) La signification des phénomènes étudiés varie selon les chercheurs.

(4) Il n'y a pas de consensus sur les interprétations données.

2ᵉ RAISONNEMENT

(5) De plus, il est difficile dans les sciences sociales, contrairement en sciences, de faire des expériences empiriques pour valider les théories.

(6) L'expérimentation est pratiquement impossible.

3ᵉ RAISONNEMENT

(7) Les sciences sociales sont des idéologies.

(8) Certaines sciences comme les idéologies cherchent à intervenir dans le monde pour le transformer;

(9) Or la science cherche à expliquer ou à comprendre le monde à l'aide de théorie à partir de données empiriques.

4ᵉ RAISONNEMENT

(10) Enfin, les sciences sociales sont incapables de faire des prédictions valables.

(11) Une bonne théorie scientifique doit être en mesure de prédire des phénomènes, ce que ne peuvent accomplir les sciences sociales.

À l'aide de cet exemple, on peut déjà établir certains principes qui nous aideront à bien comprendre la démarche. La Thèse ou la Conclusion est toujours, comme nous l'avons dit, une proposition que le proposant justifie ou cherche à justifier. C'est là une bonne façon de l'identifier en posant simplement la question: quel énoncé cherche-t-il à justifier? La Thèse par son caractère conjecturel exige un argumentaire composé de raisonnements, eux-mêmes bâtis d'une suite d'arguments. On n'a pas à ce moment-ci à évaluer la pertinence ou la valeur des arguments.

Dans un syllogisme, on appelle prémisse chaque argument qui forme un raisonnement et qui soutient la Conclusion (Thèse). Il n'y a pas de limite théorique au nombre d'arguments, mais en général on présente les plus pertinents au début et, en vertu du principe hiérarchique de la valeur des arguments, la force des arguments décline avec le nombre[3]. Les arguments plus faibles sont présentés à la fin. On imagine facilement aussi qu'un trop grand nombre d'arguments peut se retourner contre le défenseur d'une Thèse. D'une part, parce que plus personne ne sera sensible aux arguments après un certain temps, sa force de persuasion sera très faible. On le constate, l'argumentation est difficilement dissociable de la rhétorique. D'autre part, tous les arguments ne soutiennent pas avec la même force la Thèse ; à trop en fournir, on présente en même temps des arguments plus faibles, davantage susceptibles d'être contrés par d'éventuels adversaires (l'opposant). Ils risquent d'affaiblir la validité de la Thèse. L'argumentaire doit être bien construit et bien dosé de raisonnements. On notera en dernier lieu qu'un argumentaire peut être assez complexe, utiliser des raisonnements inductif, déductif ou analogique.

Cette façon de procéder « Thèse et prémisses » (raisonnement déductif) n'est pas la seule même si elle est très commune. Comme cela est tout à fait logique, il n'est pas interdit de présenter les prémisses et de terminer par une Conclusion, qui devient la conséquence logique des raisonnements qui la précède (raisonnement inductif). Prenons un exemple simple : Plusieurs électeurs n'aiment pas voter le dimanche ; le gouvernement veut adopter une loi fixant la date d'élection toujours un dimanche ; 30 % des électeurs vont s'abstenir de voter si l'élection a lieu le dimanche. Si l'inférence n'est pas très forte – on part d'une observation indéterminée, plusieurs électeurs, et on conclut à 30 % des électeurs –, le raisonnement inductif n'est pas moins valable. La généralisation va de plusieurs à 30 %[4].

Pourquoi choisir un mode de raisonnement plutôt qu'un autre ? Cette question sera abordée un peu plus loin, mais disons dès maintenant qu'elle ne relève pas seulement du choix du chercheur ; des consi-

---

3. Ce principe veut qu'on présente les meilleurs arguments au début. On verra plus loin que les choses sont plus compliquées.
4. Martin Montminy souligne qu'un raisonnement inductif est inadéquat si les prémisses induisent une conclusion à 50 % ou moins. Voir Martin Montminy, *Raisonnement et pensée critique. Introduction à la logique informelle*, Montréal, Presses de l'Université de Montréal, 2009, p. 61.

Argumentaire et raisonnement 37

dérations méthodologiques et rhétoriques peuvent le contraindre ou l'obliger à raisonner de manière déductive, inductive ou analogique[5]. Pour l'instant, revenons à nos argumentaires.

Parmi l'ensemble des raisonnements qu'on peut trouver dans un argumentaire, il en existe un qui a une forme relativement connue. Il s'agit du syllogisme. On définit en général le syllogisme de la manière suivante : des propositions étant posées (prémisses), il en résulte une autre (Thèse ou Conclusion) qui est une conséquence logique (nécessaire) des premières propositions. Cette définition assez commune comporte une chose importante à retenir : la Conclusion est une conséquence logique, elle obéit à des règles de validité, des propositions appelées prémisses posées et acceptées. La Conclusion est par conséquent un jugement de vérité[6], un résultat nécessaire des propositions qui la fondent. Au plan formel, les syllogismes possèdent une autorité très forte.

2.1. Les raisonnements

Avant d'aborder les règles de validité du syllogisme, il faut d'abord préciser deux choses : 1) Tout syllogisme déductif est construit à partir de trois termes : le *majeur*, le *mineur* et le *moyen terme*[7]. En fait, le moyen terme est certainement le plus important dans le syllogisme. Il permet

---

5. Qu'on se rappelle ce que nous avons dit à propos du marqueur de relation au chapitre précédent.
6. C'est une très vaste question que celle des *jugements de vérité*. Pour un logicien, un syllogisme construit selon les règles de la logique doit aboutir à un *jugement de vérité*. Le débat à ce sujet n'est pas clos. En effet, qu'est-ce qu'une vérité qui n'a que les règles de logique pour fondement ? La vérité n'est pas seulement syntaxique ; elle est aussi sémantique. De plus, il importe sur la base de cette distinction de noter la différence entre les propositions formelle et empirique. Les propositions empiriques n'ont pas le même critère de vérité que les propositions théoriques. On le voit la vérité est une chose complexe qui appartient au jugement. Comment alors prétendre à la vérité ? Répondre à cette question suppose que soit précisé un ensemble de conditions – sur les énoncés, le système, etc. qui déterminent le type de vérité que l'on va énoncer.
7. Le *majeur* désigne en logique catégorique la proposition qui affirme ou nie et en logique hypothétique, la prémisse qui contient la condition. Le *majeur* comporte soit le sujet soit le prédicat. Le *mineur*, c'est le terme qui est le sujet de la conclusion. Enfin le *moyen terme* désigne celui qui est dans chacune des prémisses. Il est l'axe autour duquel s'établit le raisonnement.

d'établir le lien entre le majeur et le mineur. 2) Il existe plusieurs types de raisonnements. Voyons, en reprenant le troisième raisonnement de notre exemple, les trois termes du syllogisme :

(C) Les sciences sociales sont des idéologies.

(1) Certaines sciences comme les idéologies cherchent à intervenir dans le monde pour le transformer.

(2) Or la science cherche à expliquer ou à comprendre le monde à l'aide de théorie à partir de données empiriques[8].

On a ici un raisonnement déductif avec les trois termes qui le composent :

- Le *majeur* : Certaines sciences comme les idéologies cherchent à intervenir dans le monde pour le transformer.
- Le *mineur* : Or la science cherche à expliquer ou à comprendre le monde à l'aide de théorie à partir de données empiriques.
- Le *moyen terme* : science.

La *Conclusion* : Pour arriver à la Conclusion, c'est-à-dire à une proposition logiquement déductible des deux prémisses, je dois faire le lien entre le *majeur* et le *mineur*. Le *moyen terme* n'entre jamais dans la conclusion. Certaines sciences [le *majeur*] cherchent comme les idéologies à intervenir dans le monde pour le changer [le *mineur*] ; le *mineur* s'ébauche à l'aide du *moyen terme* : or les sciences visent surtout à expliquer ou à comprendre. La *Conclusion* porte sur les sciences sociales en liant le *majeur* et le *mineur* : je puis alors conclure que les sciences sociales sont des idéologies.

Le raisonnement est construit formellement de la façon suivante : si A (certaines sciences visent à intervenir dans le monde pour le changer) alors B (les sciences cherchent à expliquer ou comprendre) et que B (les sciences cherchent à expliquer ou comprendre) alors C (les sciences sociales sont des idéologies). Par conséquent, si A alors C : les sciences sociales sont des idéologies. En vertu du principe de transitivité, et c'est ce qui détermine sa validité formelle, si A alors B et si B alors C, il faut conclure nécessairement : si A alors C. *La Conclusion est donc*

---

8. Dans les syllogismes, on utilise la lettre (C) pour la Conclusion et les chiffres (1, 2, 3) pour noter les prémisses.

nécessaire. La proposition qui l'énonce est apodictique[9], et elle nous apprend quelque chose sur l'objet de ce raisonnement: les sciences sociales. Nos raisonnements ne sont pas toujours ternaires; c'est le cas du 1er raisonnement de notre exemple, même s'il s'agit là de la forme nécessaire du raisonnement déductif.

Précisons maintenant les deux autres types de raisonnement en considérant que notre exemple relève du syllogisme déductif en ceci que la Conclusion étant d'abord posée, les prémisses suivent. Il s'agit, comme l'explique Victor Thibaudeau, d'un raisonnement du haut vers le bas[10]. Il souligne d'ailleurs, à juste titre, que selon l'étymologie latine du terme *déduction*, il signifie «action d'emmener du haut vers le bas[11]». Ce raisonnement est trinaire et il se construit comme nous venons de l'exposer selon le principe de transitivité. Sa force de conviction est élevée, mais ce type de raisonnement n'est pas à l'abri de critiques importantes parmi lesquelles il faut souligner le fait que puisque les arguments suivent la Conclusion, il est toujours possible de trouver des arguments qui la justifient et d'écarter ceux qui la réfuteraient. Sans une théorie des faits pertinents qui expose pourquoi il est préférable de choisir tel ou tel fait dans le cadre d'une vérification d'une hypothèse ou de l'argumentation d'une proposition de recherche, la déduction est un raisonnement sujet à caution. Évitons cependant de confondre le raisonnement avec la méthode.

Voici un exemple de raisonnement déductif[12] d'un ouvrage scientifique. Dans son livre sur les relations internationales du Québec, l'auteur défend la thèse suivante:

> [P]remièrement, la doctrine Gérin-Lajoie empêche le Québec de se doter d'une politique étrangère soit une paradiplomatie identitaire parce qu'elle maintient la double allégeance canadienne et québécoise. Deuxièmement, la paradiplomatie identitaire, au contraire, source de conflits et de remise en question de l'allégeance canadienne, permettrait au Québec d'adopter le comportement d'un acteur étatique et gouvernemental particulier sur la

---

9. Le terme *apodictique* signifie «qui est nécessairement vrai». C'est un bel exemple de vérité syntaxique.
10. Victor Thibaudeau, *op. cit.*, p. 721.
11. *Ibid.*
12. Par *raisonnement déductif*, nous désignons la forme habituelle du *raisonnement déductif*, c'est-à-dire celui où on essaie d'argumenter une Thèse qui est énoncée d'entrée de jeu.

scène internationale, d'organiser librement et sans ingérence du gouvernement fédéral ses relations internationales et de formuler et déployer ainsi une véritable politique étrangère[13].

La Thèse s'élabore en deux parties. C'est donc dire que l'auteur devra d'abord disposer de la doctrine Gérin-Lajoie et ensuite exposer ce qu'est la paradiplomatie identitaire.

Une telle Thèse déploie l'argumentaire suivant : 1) Une étude des relations internationales du Québec jusqu'en 1960 (avant l'émergence de la doctrine Gérin-Lajoie) ; 2) Une étude des relations internationales du Québec depuis la Révolution tranquille (depuis l'apparition et l'« application » de la doctrine Gérin-Lajoie) ; 3) Présenter ce que pourrait être l'application de la paradiplomatie identitaire pour le Québec. En quoi ces trois moments de l'argumentation représentent-ils des arguments pour défendre sa thèse ?

La Thèse soutient deux choses. Premièrement, que la doctrine Gérin-Lajoie est un obstacle à la paradiplomatie identitaire, soit une politique étrangère au niveau subétatique, ici le Québec. Pour le montrer, l'auteur a choisi d'exposer en deux temps les relations internationales du Québec. L'objectif, ici, est de montrer les apports de la doctrine Gérin-Lajoie par rapport à la situation qui a prévalu en matière de relations internationales québécoises jusqu'en 1960 ; ce qu'elle a permis au Québec depuis sa formulation lors de la Révolution tranquille ainsi que ses limites. Cette dernière partie, les limites, est très importante car la Thèse affirme qu'elle ne permet pas au Québec d'avoir une véritable politique étrangère. Il est évident que la vraisemblance ou la crédibilité de la Thèse repose en grande partie sur cette analyse des limites de la doctrine Gérin-Lajoie. Mais une telle analyse implique en même temps de voir ce qu'autorise la paradiplomatie identitaire. C'est pourquoi il expose ce à quoi ressemblerait l'application d'une paradiplomatie identitaire pour le Québec ; ce qu'elle autoriserait pour ce dernier, tout en prenant soin de souligner les problèmes qu'elle pourrait soulever dans le cadre fédératif canadien. Entre autre chose, la paradiplomatie identitaire reposerait la question de la souveraineté canadienne.

---

13. Jean-François Payette, *Introduction critique aux relations internationales du Québec*, Québec, Presses de l'Université du Québec, 2009, p. 31.

Il existe des raisonnements inductifs qui, à l'inverse du premier, partent du bas vers le haut. Le terme *induction* – du latin *inductio, inducere* – signifie « action d'amener, de conduire vers » et repose sur deux principes faciles à comprendre car largement utilisés dans la vie quotidienne. Le premier principe précise que l'induction consiste à conclure de la constatation de la régularité de certains faits ou observations à leur persistance[14]. Le mot clef de cette définition est *régularité*; la possibilité de découvrir la répétition de certains faits (régularité) et de cette répétition conclure à leur constance. Le second principe considère l'induction comme la saisie du nécessaire dans la contingence[15]. Observer dans la contingence, dans ce qui n'a pas de raison d'être ou de nécessité, des attributs récurrents. Pour le dire d'une manière plus concrète, l'induction vise à partir de cas particuliers à arriver à une Conclusion générale. Nous l'avons dit plus haut, ce raisonnement est largement répandu. D'une certaine façon, c'est celui de l'habitude et du sens commun. La Conclusion de l'induction a valeur de vérité à partir du moment où les cas particuliers comportent des régularités assez nombreuses, pertinentes et nécessaires pour rendre possible une généralisation. Par généralisation, il faut entendre le fait de transposer à une classe d'individus[16] ce qui est observable (les attributs) d'un individu de cette classe. Précisons, et la chose a son importance, que la conclusion de l'induction est seulement probable. Selon quel critère peut-on déterminer que cette probabilité est assez forte pour justifier l'inférence ? Selon Montminy, une probabilité de plus de 50 % est suffisante pour affirmer que la généralisation est adéquate. C'est à la fois beaucoup et peu. C'est beaucoup car des inférences à partir de plus de 50 % sont rares. C'est peu car 50 % et plus signifie aussi qu'il y a une probabilité forte que l'inférence ne soit pas adéquate. Des conclusions fondées sur des probabilités de 100 % sont très rares en sciences sociales. D'ailleurs, ce ne sont plus des probabilités, mais des vérités.

La validité formelle de l'induction repose essentiellement sur le nombre d'observations et leur pertinence. Il doit y avoir un lien entre les faits observés et la Conclusion. Ces faits doivent être assez nombreux

---

14. Ces principes sont tirés de la définition de l'induction empruntée à Louis-Marie Morfaux, *Nouveau vocabulaire de la philosophie et des sciences humaines*, Paris, Armand Colin, 2004, p. 265. Nous suivons le texte de très près.
15. *Ibid.*
16. Cette classe d'individus peut être illimitée.

et présenter des régularités pertinentes et constantes afin de rendre possible une généralisation, c'est-à-dire permettre de prêter à l'ensemble des mêmes faits non encore observés les mêmes caractéristiques. Par exemple, la couleur noire des corbeaux que j'observe. Puis-je prêter à tous les corbeaux existants, ayant existé et qui existeront l'attribut d'être de couleur noire ? L'exigence est élevée et semble impossible à satisfaire, mais c'est à celle-ci que doit ultimement se soumettre l'induction. C'est à la fois la force et la limite du raisonnement inductif[17]. La couleur peut être une caractéristique pertinente pour un observateur amateur des corbeaux. Pour un éthologiste, la couleur serait certainement un mauvais critère de généralisation puisqu'il s'intéresse surtout aux comportements des animaux.

Le raisonnement inductif n'a pas la même force de conviction que la déduction. Il résiste mal au cas singulier qui réfute la généralisation. Si, après avoir observé, à plusieurs reprises, des corbeaux et constaté qu'ils étaient tous noirs, je peux généraliser en concluant : « Tous les corbeaux sont noirs. » Le raisonnement est le suivant : J'ai observé des corbeaux. Or tous les corbeaux que j'ai observés sont noirs. Donc, les corbeaux sont noirs. Pourtant, il suffirait qu'il y ait eu un corbeau blanc ou d'une autre couleur dans le passé, dans le présent ou même dans le futur pour réfuter une telle conclusion. Évidemment, l'énoncé : « J'ai observé des corbeaux » ne respecte pas la règle de la validité formelle de l'induction. On ne sait pas combien de corbeaux ont été observés : deux ou cent mille ? Sans cette condition, il est difficile de procéder à la généralisation. Cela dit, l'induction est certainement le mode le plus généralisé et le plus commun de raisonnement. Qui n'a pas généralisé abusivement une observation ou une expérience ? Il est pertinent de l'utiliser comme raisonnement dans le cadre d'un mémoire de maîtrise ou d'une thèse doctorat à condition d'en connaître les limites. Une fois encore, il faut éviter de confondre le raisonnement inductif avec la méthode.

Comment construire un raisonnement inductif ? Le raisonnement s'appuie d'abord sur l'observation ; ensuite il s'agit à partir de celle-ci d'étendre nos résultats à toute une population en précisant à quelle condition se fait cette généralisation. On peut dire que la plu-

---

17. En théorie, la remarque est juste, mais en fait la théorie de la probabilité permet de relever le défi de la généralisation en déterminant les conditions de la généralisation et le risque d'erreur en faisant cette généralisation. La question n'est donc pas aussi aiguë qu'elle ne paraît.

part des enquêtes sociales faisant appel à un échantillon probabiliste ou par quota relève de la démarche inductive. Les sondages sont de bons exemples. On fait une enquête auprès d'une partie de la population – est-elle représentative de l'ensemble? –; une fois les données recueillies on généralise à l'ensemble de la population. Par exemple, une enquête sur le taux de satisfaction du gouvernement actuel auprès d'un échantillon de 1 025 personnes donne les résultats suivants: 35 % se disent très insatisfaits, 25 % se disent insatisfaits, 25 % se disent satisfaits et 15 % affirment être très satisfaits du gouvernement actuel. En vertu de ces résultats, on peut conclure, sans avoir interrogé toutes les personnes de notre population, que 60 % des personnes interrogées se disent insatisfaites du gouvernement actuel. On pourra dire alors que la population québécoise est insatisfaite du gouvernement actuel. Cette prédiction est erronée une fois sur vingt.

C'est le même procédé qui s'applique dans le cadre d'une enquête sociale; on définit la population enquêtée, on établit une méthode d'échantillonnage si celle-ci est trop grande. L'enquête se fait de cet échantillon de la population. Une fois les données colligées, il est possible de généraliser les réponses de notre enquête à l'ensemble de la population en précisant la possibilité de se tromper lors de cette généralisation.

On constatera aussi l'existence du raisonnement analogique moins connu mais très efficace malgré des limites évidentes. Le mot *analogie* signifie «ce qui est en rapport avec» et suppose la mise en relation de deux termes sous le mode de l'identique. On parle de ressemblance entre deux choses ou deux êtres. Cela n'est pourtant pas exactement une analogie. Celle-ci représente une identité de rapport sous la diversité apparente des phénomènes ou des êtres. Ce n'est pas une ressemblance et c'est une erreur de confondre les deux. Dans un raisonnement analogique, l'identité entre deux choses se fait à partir d'un rapport établi par celui qui argumente, un rapport qui n'est pas nécessairement apparent ou évident. Il peut l'être – par exemple, la foudre et l'électricité – ou ne pas l'être – un homme et une baleine. Essayons de voir à quoi ressemble un raisonnement analogique à l'aide d'un exemple.

(A) Toute décision volontaire d'enlever la vie à un être humain est un meurtre.
(B) Or le meurtre est immoral.

(C) L'avortement est une décision volontaire d'enlever la vie à un être humain.
(D) Or l'avortement est un meurtre.

Par conséquent, l'avortement est immoral (Conclusion).

La valeur de la Conclusion tient à la valeur des prémisses, au fait de considérer les prémisses comme évidentes ou acquises. Dans le cas présent, les prémisses ne seraient pas évidentes ni même acquises pour plusieurs personnes même si le raisonnement est largement utilisé par les partisans provie dans le débat sur la légalisation de l'avortement. Le cas échéant, la validité de la Conclusion sera amoindrie. On prétend, et c'est le raisonnement analogique de notre exemple, que les deux comportements – meurtre et avortement – sont semblables, c'est-à-dire des décisions volontaires d'enlever la vie à quelqu'un. Le meurtre et l'avortement sont mis en rapport sous la modalité de la décision volontaire d'enlever la vie même si ce rapport est loin d'être évident[18]. Par conséquent, on peut conclure en suivant le raisonnement proposé qu'il s'agit dans les deux cas d'un acte immoral.

Le principe formel de validité de l'analogie est le suivant : deux choses, meurtre et avortement, égales à une même troisième, enlever la vie, sont égales entre elles. *Enlever la vie* est un meurtre, l'avortement est l'acte par lequel *on enlève la vie*, donc il est immoral. On pourrait facilement trouver des exemples d'analogie douteuse ou même non valide. Celui sur l'avortement et le meurtre est un bel exemple. Il y a aussi celui sur l'alcool et la drogue. Vendre de l'alcool, c'est comme vendre de la drogue. Il s'agit de deux produits qui sont néfastes pour la santé des hommes. Il faut interdire la vente d'alcool. L'analogie repose sur le fait que la drogue et l'alcool sont considérés comme des produits néfastes. Interdire le premier, par raisonnement analogique, obligerait à interdire le second.

Le raisonnement analogique est répandu chez les défenseurs de l'analyse systémique. On trouve chez eux l'idée que toute chose fonctionne comme un système cybernétique. Il y a un émetteur qui

---

18. L'*évidence* est loin d'être une notion facile. Le terme désigne ce qui peut être vu immédiatement, ce qui se donne à la perception sensible. Ce n'est là qu'une partie de la définition de l'*évidence* car les données de la conscience immédiate sont trop fragiles pour permettre un raisonnement un tant soit peu rigoureux. Il existe une *évidence* rationnelle voulant dire par ce terme : « Une proposition P de la forme F (x, y, z...) est une *évidence* pour un locuteur L si la connaissance de la référence des termes singuliers x, y, z... de P et du sens de F suffit à L pour déterminer la référence, i.e. la valeur de vérité de P » (J.-G. Dumoncel, « Évidence », dans Sylvain Auroux (dir.), *op. cit.*, p. 908). À défaut de pouvoir utiliser l'*évidence* rationnelle, il ne faudrait pas croire que les *évidences* de l'un le sont pour les autres. Le droit des femmes à l'avortement n'étant pas une *évidence* rationnelle, on peut comprendre qu'il ne soit pas partagé et qu'on puisse juger l'avortement criminel.

envoie un message à un récepteur, celui-ci analyse et décode le message de l'émetteur. Selon le message et sa compréhension, il retourne au récepteur une réponse attendue ou non attendue selon que le message a été bien ou mal compris. Les conditions de cette compréhension dépendent de plusieurs facteurs; le code utilisé partagé entre l'émetteur et le récepteur, la qualité de la communication (émetteur et récepteur), la rétroaction, etc.

L'analyse systémique

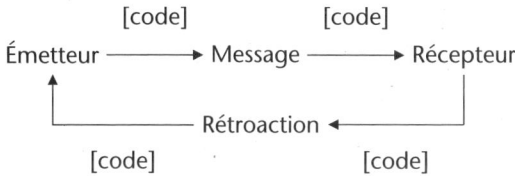

Il y a analogie à partir du moment où tout phénomène peut s'expliquer en suivant le modèle systémique. Celui-ci a été appliqué au système politique où la population (peuple) est l'émetteur qui envoie au gouvernement (récepteur) des demandes (messages) grâce à un code (sondage, manifestation, élection, etc.). En retour, le récepteur reçoit le message, le décode et répond en posant ou en ne posant pas certaines actions (rétroaction). Tout fonctionne sous le mode analogique; on fait comme si la population était un émetteur et le gouvernement, un récepteur, et ainsi de suite.

Un mot en terminant sur l'abduction qui, telle la prose, est pratiquée sans qu'on le sache toujours. C'est ce qu'on pourrait croire tant elle ressemble à l'induction. La différence est pourtant significative: l'induction consiste à partir d'observations à généraliser le phénomène, alors que l'abduction ne généralise pas l'observation; elle infère une chose complètement différente qui n'aurait pu être perçu à partir des observations. L'abduction a une valeur heuristique. Prenons un exemple donnée par Charles Sanders Pierce, à qui on attribue l'intérêt actuel pour ce mode singulier de raisonner: Il y a sur une table un paquet de haricots blancs et à côté de celui-ci un nombre indéterminé de haricots. Devant ce constat, je fais l'observation suivante: le paquet contient des haricots et ceux-ci sont blancs. L'abduction consiste à dire ceci: si tous les haricots de ce paquet sont blancs et si les haricots sur la table viennent du paquet alors les haricots sur la table sont blancs[19]. On a ici un syllogisme dont la majeure est certaine, mais dont la conclusion, la mineure, reste probable. La force d'induction de l'hypothèse qui doit être formulée pour que de conjecturale elle devienne certaine détermine la valeur de l'abduction. Le raisonnement consiste donc à expliquer une chose à partir d'une autre ; expliquer Y, les haricots sur la table, par X, les haricots blancs dans le sac. L'hypothèse est celle-ci : si les haricots sur la table viennent du sac alors ils sont blancs.

2.2. Les critères de validité formels d'un raisonnement

Nous avons déjà abordé très brièvement la question de la validité formelle des raisonnements. Il y a peu à ajouter sur le raisonnement analogique. L'essentiel a été dit. Par contre, il y a encore beaucoup à dire sur le raisonnement déductif et inductif. Sans développer inutilement dans un domaine qui sera de peu d'utilité pour argumenter son mémoire de maîtrise ou sa thèse de doctorat, il convient tout de même de préciser les raisonnements valides de ceux qui ne le sont pas[20]. La suite de ce que nous allons traiter concerne les raisonnements déductifs. Ces précisions sont importantes ; on ne peut utiliser intelligemment une chose si on n'en comprend pas les fondements.

En général, les propositions qui forment un syllogisme peuvent être universelles ou particulières, négatives ou positives.

Les différents types de proposition :

Universelle : Tous les hommes sont mortels.

Particulière : Certains hommes sont immortels.

Négative : Aucun homme n'est immortel.

Affirmative : Les hommes sont mortels.

---

19. Nous reprenons à notre façon l'exemple des haricots de Pierce. L'abduction ressemble à s'y méprendre à l'induction mais, en y regardant de plus près, on remarque que l'inférence de l'abduction se fait à partir d'éléments différents.
20. Cette partie s'inspire largement du travail de Victor Thibaudeau, *op. cit.*, p. 725 et suivantes.

À partir de ces modalités des propositions, on peut construire plusieurs types de syllogisme ; universelle-négative (toutes les araignées ne sont pas dangereuses), particulière-affirmative (quelques araignées sont dangereuses), etc. Parmi celles-ci, il y en a certaines qui n'ont pas de signification. On ne peut avoir une proposition universelle-particulière ou affirmative-négative sans qu'il y ait contradiction dans les termes, à l'exception des oxymorons, par exemple, progressiste-conservateur, constructivisme-critique, tropes littéraires. Il faut douter de tout est un exemple fréquemment cité d'autocontradiction. Pour avoir un sens, cette proposition doit considérer qu'il y a au moins un énoncé dont il ne faut pas douter. Les exemples pourraient être fort nombreux mais, dans l'absolu, les propositions possibles sont au nombre de 4 × 3 propositions différentes.

À partir de ces quatre types de proposition, on peut construire un certain nombre de syllogismes valides et un certain nombre d'autres non valides. Par exemple, des prémisses universelles conduiront à une conclusion universelle. Si je dis : Tout A est B ; Or tout B est C ; Donc tout A est C. Ce raisonnement ne pose pas en lui-même de véritables difficultés. On ne peut pas dire la même chose des raisonnements suivants. De prémisses négatives, je ne peux conclure à une proposition universelle. Des prémisses suivantes : Aucun A n'est B ; Aucun B n'est C, je ne peux conclure : Il existe des D qui sont des C. Concrètement,

    Aucun mort n'est vivant.
    Or aucune personne en action n'est morte.
    Donc, toute personne en action est vivante[21].

La non-validité de ce raisonnement ne saute pas aux yeux. On peut légitimement se demander en quoi il est fautif. Il l'est strictement parce que la conclusion n'est pas déductible des prémisses. Les prémisses ne donnent aucun poids à la conclusion ; le lien ente les deux est inexistant. On pourrait multiplier les exemples de raisonnement valide ou non valide. Essayons plutôt de fournir, à la manière des logiciens, une façon d'identifier les raisonnements valides et ceux qui ne le sont pas. Il existe en fait huit règles, ou lois, assez simples à retenir.

---

21. Nous reprenons l'exemple donné par Victor Thibaudeau, *op. cit.*, p. 744.

Les huit lois du raisonnement déductif sont :

1. Le raisonnement doit contenir trois termes uniquement ; majeur, mineur et moyen terme.
2. Les termes de la Conclusion ne peuvent avoir plus d'extension que dans les propositions des prémisses.
3. Le moyen terme n'entre jamais dans la Conclusion.
4. Le moyen terme doit être universel dans au moins une des deux prémisses.
5. Si les prémisses sont affirmatives, la Conclusion ne peut être une proposition négative.
6. À partir de deux prémisses négatives, on ne peut rien conclure.
7. La Conclusion ne peut être plus forte que les prémisses.
8. À partir de deux prémisses particulières, on ne peut rien conclure.

Ces huit règles exigent cependant un certain nombre d'explications. La première précise que ces règles s'appliquent au raisonnement déductif. On ne pourrait les appliquer à l'induction et certainement pas non plus au raisonnement analogique. Ensuite, il faut distinguer les quatre premières lois des quatre dernières. Elles ne portent pas sur la même chose. Les quatre premières concernent les règles de formation du syllogisme. Nous en avons brièvement parlé plus haut. Il convient peut-être d'ajouter un mot sur la règle 2, qui édicte que les termes de la Conclusion ne doivent pas avoir plus d'extension que ceux des prémisses. Qu'entendons-nous par extension ? En logique, on dit d'une proposition qu'elle possède une extension pour désigner l'ensemble des êtres, des faits qui sont subsumés par la proposition, compris dans celle-ci. Le meilleur exemple que l'on puisse donner de l'extension est évidemment une classification. Le concept de vivant a pour extension les humains, les animaux, les plantes, etc. On ne pourrait donc avoir logiquement une Conclusion sur un animal qui ait plus d'extension que le concept de vivant. Dans ce cas, il est tout à fait logique que les termes de la Conclusion ne puissent avoir une extension plus grande, comporter des faits, des êtres que les termes des prémisses. La Conclusion est une conséquence nécessaire des prémisses ; elle ne peut donc déborder, comprendre plus de faits ou d'êtres que ce qu'autorisent les termes des deux prémisses. L'exemple utilisé plus haut illustre le second principe. La Conclusion – donc, toute personne en action est vivante – a plus d'extension que les prémisses.

La règle 4 exige aussi une brève explication. Le moyen terme doit être une proposition universelle dans au moins une des deux prémisses. La raison est assez simple : la Conclusion possède un caractère nécessaire. Cette nécessité ne peut venir de deux propositions négatives ou particulières (règles 6 et 8) comme c'est le cas de notre exemple. De deux cas particuliers, on ne peut conclure à quelque chose d'universel. Contrairement à une idée commune, deux négatifs ne conduisent pas à une affirmation. Il y a une idée assez largement répandue chez les logiciens qui veut qu'une proposition négative ne nous apprenne rien sur le monde. On ne peut certainement pas avoir en Conclusion une proposition universelle.

La règle 7 stipule que la Conclusion ne peut pas être plus forte que les prémisses sous peine d'avoir un lien faible ou très faible entre les prémisses et la Conclusion. Du fort, on peut conclure au faible, mais jamais du faible au fort. Ne dit-on pas que « qui peut le plus, peut le moins », mais « qui fait le moins ne peut le plus »[22] ? Il va de soi que les propositions universelles ou affirmatives sont considérées plus fortes que les propositions particulières ou négatives[23]. Il ne faut pas la confondre avec la règle 2, qui concerne uniquement la relation entre les termes, alors que la septième porte sur l'ensemble du raisonnement : le rapport des prémisses à la Conclusion.

À quoi servent ces règles ? D'abord, elles permettent d'évaluer rapidement, une fois familiarisé avec elles, la validité d'un raisonnement déductif. Elles permettent de répondre aux questions suivantes : Le raisonnement est-il valide dans sa forme ? La Conclusion (la Thèse) est-elle soutenue par les prémisses ? Ces règles sont donc utiles pour juger de la validité des raisonnements qu'on nous propose. Elles sont aussi utiles pour la construction de nos propres raisonnements. Puisque dans le mémoire de maîtrise ou dans la thèse de doctorat, on devra argumenter, proposer des raisonnements qui soutiennent la Thèse ou les sous-thèses

---

22. Cette proposition n'est valide qu'en logique. Dans la vie de tous les jours, elle est plus souvent qu'autrement fausse. Le champion du 400 mètres n'est pas champion du 100 mètres.
23. Il serait trop long d'expliquer pourquoi. C'est une question de philosophie du langage. Cela dit, il arrive que les logiciens considèrent aussi des propositions comme évidentes, c'est-à-dire qu'ils ne jugent pas nécessaire de la justifier ou de l'expliquer.

défendues, les règles sont un outil efficace dans la construction de nos raisonnements. Le prochain chapitre sera consacré à l'élaboration pratique de l'argumentation. Pour l'instant, il reste encore quelques idées à préciser sur le raisonnement et les syllogismes.

2.3. Les syllogismes complexes

Nous avons jusqu'ici illustré notre propos à l'aide de syllogismes simples: deux prémisses et une Conclusion. Dans un mémoire de maîtrise ou une thèse de doctorat, l'argumentaire ou même le raisonnement est souvent plus complexe. Il ne se limite pas seulement à des syllogismes déductifs; on peut dans un raisonnement trouver quatre, cinq ou six prémisses, des enchaînements entre les arguments qui font appel aussi à l'analogie et à l'induction. Il faut aussi considérer l'objection et la réfutation d'arguments comme des raisonnements à part entière. Leur efficacité est souvent très grande. En somme, on est plus souvent face à des argumentaires complexes que devant un syllogisme déductif simple. Voyons brièvement les raisonnements complexes et leur forme.

En général, il existe trois formes de construction des raisonnements. Le premier concerne des arguments qui soutiennent d'autres arguments. Il y a aussi les objections d'argument et la réfutation des objections d'argument et, enfin, les combinaisons d'arguments qui appuient et ceux qui s'opposent[24]. Attardons-nous un instant aux arguments qui soutiennent d'autres arguments.

Comme l'indique l'expression, on a affaire ici à des arguments qui soutiennent d'autres arguments. On utilise aussi fréquemment l'expression argument par enchaînement. Il s'agit d'un raisonnement, c'est-à-dire un argument, qui conduit à une Conclusion. Cette conclusion devient ensuite un argument faisant partie d'un autre raisonnement qui conduit lui aussi à une autre Conclusion qui peut servir d'argument, et ainsi de suite. L'ensemble appuie une Conclusion (Thèse) générale. Prenons l'exemple suivant:

---

24. Une fois de plus, l'ouvrage de Victor Thibaudeau, *op. cit.*, p. 825 et suivantes, représente un outil essentiel. Nous nous en inspirons largement. Voir aussi l'excellent ouvrage de Martin Montminy, *op. cit.*

(1) La protection de l'environnement est devenue aujourd'hui une préoccupation très importante des populations occidentales. (2) Les préoccupations des populations occidentales deviennent souvent des questions politiques importantes. (3) Donc, la protection de l'environnement est une question politique importante. (4) Les questions politiques importantes intéressent les partis politiques. (5) Les partis politiques mettent dans leur programme politique les questions politiques importantes. (6) Les questions politiques importantes dans les programmes de partis politiques représentent des raisons de voter pour un parti politique. (C) On doit voter pour les partis politiques qui mettent dans leur programme des propositions visant la protection de l'environnement.

Ce raisonnement s'organise de la manière suivante. Conclusion générale (C) : « On doit voter pour les partis politiques qui mettent dans leur programme des propositions visant la protection de l'environnement. » Cette Conclusion est elle-même appuyée par deux propositions qui sont justifiées. Il s'agit des énoncés (3) « La protection de l'environnement est une question politique » et (6) « Les questions politiques importantes dans les programmes de partis politiques représentent des raisons de voter pour un partie politique ». Chacun de ces énoncés est appuyé par des prémisses : (3) se fonde sur (1) et (2), alors que (6) a pour prémisses (4) et (5). On peut schématiser le tout de la façon suivante :

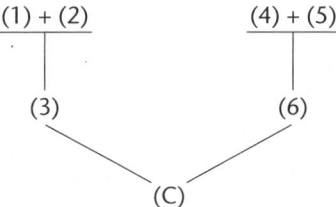

C'est un exemple de raisonnement par enchaînement où des arguments soutiennent d'autres arguments qui eux-mêmes permettent de conclure d'une manière générale. Nous avons identifié deux prémisses qui font office de Conclusion à des argumentaires. La visualisation par le schéma en arbre est très utile ; elle permet de voir rapidement la structure de notre raisonnement[25]. Nous allons voir un peu plus loin comment en construire un et l'utilisation que nous pouvons faire de ce procédé. Il en existe d'autres dont nous reparlerons aussi.

---

25. Voir sur le schéma en arbre et sur la logique de l'argumentation, l'ouvrage de Pierre Blackburn, *Logique de l'argumentation*, Montréal, Éditions du Renouveau pédagogique, 1994. Cet ouvrage est très pédagogique, facile à lire et à comprendre sans compromis sur la rigueur.

L'objection et la réfutation sont des raisonnements largement utilisés dans la défense ou la justification d'une Thèse. Ce sont aussi des procédés rhétoriques fort efficaces. Clarifions les deux termes; l'*objection* (obj.) est un argument qui s'oppose à un autre argument qui appuie une Thèse (Conclusion), alors que la *réfutation* (Robj.) est un argument qui s'attaque directement à la Thèse. Prenons un exemple:

> Lorsque les principes d'une civilisation sont menacés, il faut faire la guerre.
> Or l'Irak menace les principes de la civilisation occidentale.
> Par conséquent, il est nécessaire de faire la guerre à l'Irak.

L'objection s'attaque à une prémisse. Dans cet exemple, sachant que les principes d'une civilisation sont très difficiles à identifier, on peut objecter à cette Thèse les questions suivantes: quels sont les principes de la civilisation qui sont attaqués et surtout qui détermine qu'ils sont menacés? L'objection ne met pas en cause la Conclusion générale, du moins pas directement, elle s'attaque aux prémisses qui soutiennent le raisonnement. Dans ce cas, en attaquant l'une des prémisses on met en cause ce qui soutient la Conclusion (Thèse).

La réfutation s'attaque directement à la Conclusion (Thèse). Pour reprendre l'exemple précédent, on pourrait réfuter la Conclusion de la manière suivante:

> La guerre est un moyen extrême de régler les problèmes.
> Or il existe d'autres moyens comme la diplomatie.
> Donc, il n'est pas toujours nécessaire de faire la guerre.

La force de la réfutation dépend de la valeur des arguments qui doit être plus forte que ceux de la Thèse qui est combattue. On peut construire un raisonnement à l'aide de l'objection et de la réfutation. Il est même possible, et la valeur rhétorique du raisonnement s'en trouve grandement renforcée, d'utiliser la réfutation d'objection comme raisonnement pour mieux défendre sa propre Thèse[26].

On peut illustrer ce cas de figure de la manière suivante:

> (1) La protection de l'environnement est une chose importante pour l'être humain. (2) La protection de l'environnement touche à tous les aspects de notre existence: économique, politique et sociale. (C) Il faut donc voter pour

---

26. On parle ici du procédé rhétorique – la prolepse – qui consiste à réfuter à l'avance en anticipant une objection possible à notre thèse. Elle est largement traitée au chapitre 4.

le parti politique qui met dans son programme la protection de l'environnement c'est-à-dire le Parti vert. (3) Certains diront qu'il y a d'autres partis politiques qui traitent de l'environnement. (4) Il n'existe en réalité qu'un seul parti politique qui fait de la protection de l'environnement son principal cheval de bataille : le Parti vert.

Ce raisonnement comporte deux prémisses (1 et 2) qui appuient une thèse, une objection (3) et une réfutation de l'objection (4). On voit que le raisonnement en sort plus solide. Si on accepte les arguments qui réfutent l'objection, on fournit de nouveaux arguments pour accepter la Thèse. C'est comme si on colmatait les brèches avant qu'elles ne se créent et qu'en même temps on fournissait de nouveaux arguments.

Voyons le schéma en arbre :

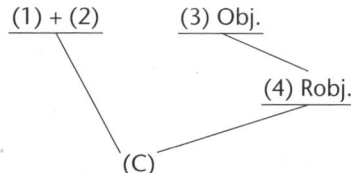

On est plus souvent face à ce type d'argumentaire que devant des syllogismes à trois termes. Cela dit, il est bon de bien connaître les syllogismes et la façon de les construire rigoureusement. Il ne faut jamais oublier qu'en fin de compte un argumentaire consiste à faire admettre rationnellement une Thèse (Conclusion) à l'aide de prémisses. Une fois maîtrisées les règles, il est possible de devenir son propre critique de son argumentaire et de ses raisonnements.

2.4. La schématisation des argumentaires

Il existe pour schématiser les argumentaires un outil que nous allons présenter brièvement. Le schéma en arbre est certainement la façon de représenter visuellement un raisonnement la plus facile à maîtriser[27]. La démarche est relativement simple ; elle se décompose en trois parties.

---

27. L'ouvrage de Pierre Blackburn, *op. cit.*, p. 89-124, est certainement le meilleur outil pour apprendre à faire un schéma en arbre.

1. Il faut d'abord identifier la Conclusion ou la Thèse générale qui sera soutenue. Une fois identifiée (T), on numérote chacune des prémisses en procédant comme nous l'avons fait dans plusieurs exemples : (1), (2), (3), etc. Les objections sont notées (obj.) et les réfutations de l'objection sont identifiées (Robj.).

2. On regroupe ensuite les prémisses selon les thèmes auxquels elles appartiennent. Dans un argumentaire, il peut y avoir plusieurs thèmes ou un seul. Pour chaque thème, on cherche la prémisse qui fait figure de Conclusion et on identifie les prémisses qui la soutiennent.

3. Il faut enfin voir si les prémisses sont liées ensemble (il est nécessaire d'avoir les deux ou les trois pour soutenir une Conclusion) ou indépendantes (chaque prémisse soutient la Conclusion indépendamment) des autres. Il suffit alors de construire l'arbre qui schématise l'ensemble des prémisses et la Conclusion en utilisant la représentation construite pour chaque thématique.

Une fois encore, illustrons le propos avec un exemple. Nous avons construit un argumentaire sur le Québec faisant une synthèse des arguments défendant l'idée du Québec comme pays en devenir.

> (C) Le Québec est un pays en devenir. (1) Toute nation doit évoluer vers son autodétermination. (2) L'autodétermination d'une nation se traduit par la réalisation d'un pays souverain. (3) Le Québec est une nation reconnue comme telle par certaines instances internationales comme la Francophonie et l'UNESCO. (4) La simple reconnaissance extérieure est-elle suffisante pour qu'il y ait nation ? (5) Une nation repose sur un sentiment national fort comme le soutient le professeur Fernand Dumont. (6) La population des pays souverains et des « pays en devenir » ont une fierté commune pour leur nation qui se traduit par un sentiment nationaliste. (7) Les pays souverains ont tous une fête nationale où leur peuple exprime leur fierté envers leur nation. (8) Le Québec a une fête nationale, la fête de la Saint-Jean, qu'il célèbre fièrement le 24 juin chaque année. (9) À l'occasion de cette fête, les Québécois affichent fièrement leur appartenance à leur nation. (10) Le gouvernement canadien n'a-t-il pas reconnu la nation québécoise sans pour autant accepter l'idée que cette province canadienne devienne un pays ? (11) La visée politique d'une telle reconnaissance est évidente ; maintenir le Québec dans la confédération canadienne. (12) Cette reconnaissance n'évacue en rien le droit à l'autodétermination de la nation québécoise. (13) Le Québec agit déjà de façon autonome sur la scène internationale en exerçant depuis 40 ans des relations internationales. (14) Les relations internationales sont l'espace d'interaction

des États souverains. (15) Tout pays souverain a une structure institutionnelle politique bien établie. (16) Le Québec s'est doté d'une structure institutionnelle politique, l'Assemblée nationale, où des décisions officielles et fondées sont prises pour l'ensemble de son territoire. (17) Pour articuler cette structure institutionnelle politique, il faut un gouvernement légitime. (18) Les membres de l'Assemblée nationale sont élus démocratiquement et représentent l'expression populaire de la nation québécoise.

Essayons de reconstruire l'argumentaire à partir des thématiques identifiées. On a parlé plus haut de raisonnements. Les deux termes sont synonymes; pour les besoins de l'exemple, on parlera de thématique. Il y en a six qui seront identifiés de la manière suivante :

1. La 1re thématique est celle de l'autodétermination. Elle comprend les prémisses (1) et (2) :

    (1) + (2)

2. La 2e thématique porte sur la reconnaissance extérieure et comporte une objection (3) et (4) obj. :

    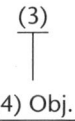

    (3)

    (4) Obj.

3. La 3e thématique porte sur le sentiment national et regroupe les prémisses (5), (6), (7), (8) et (9); elle comporte des réfutations d'objections :

    (5) Robj. + (6) Robj.   (8) + (9)

    (7) Conclusion du raisonnement

4. Dans la 4e thématique, la reconnaissance de la nation, on trouve les prémisses (10), (11) et (12). Une fois encore, on a une objection et des réfutations d'objections :

    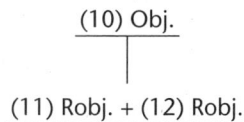

    (10) Obj.

    (11) Robj. + (12) Robj.

5. La 5ᵉ thématique, les relations internationales, est argumentée à l'aide des deux prémisses (13) et (14) :

6. La 6ᵉ thématique porte sur la structure institutionnelle et comprend les prémisses (15), (16), (17) et (18) :

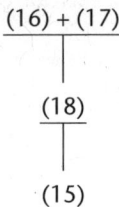

En regroupant l'ensemble de nos raisonnements ou thématiques, on peut construire le schéma suivant :

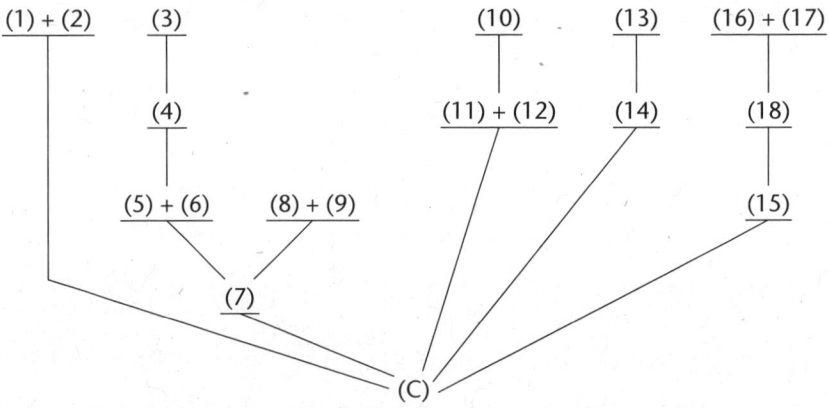

On a pu ainsi suivre tout l'argumentaire en ses différents raisonnements. Le schéma en arbre permet d'en rendre compte d'un seul coup d'œil. On a pu observer ce qu'il y avait dans cet argumentaire : des affirmations, deux objections, deux réfutations des objections, des prémisses liées, des enchaînements plus complexes. Isolons un instant les raisonnements sur les objections et leur réfutation. La première objection est la suivante : (4) La reconnaissance extérieure est-elle suffisante ? On comprend la nature de l'objection qui est faite : le fait pour le Québec d'être reconnu comme une nation par des organisations internationales implique-t-il que cette nation doit devenir un pays ? Quelles sont les prémisses de la réfutation ? On en a identifié cinq : (5) Une nation repose sur un sentiment national fort comme le soutient le professeur Fernand Dumont. (6) La population des pays souverains et des «pays en devenir» ont une fierté commune pour leur nation qui se traduit par un sentiment nationaliste. (7) Les pays souverains ont tous une fête nationale où leur peuple exprime leur fierté envers leur nation. (8) Le Québec a une fête nationale, la fête de la Saint-Jean, qu'il célèbre fièrement le 24 juin chaque année. (9) À l'occasion de cette fête, les Québécois affichent fièrement leur appartenance à leur nation.

Il est intéressant de noter dans cette réfutation un appel à l'autorité. On fait référence au propos du professeur Dumont.

Dans l'autre objection, la réfutation est plus politique : (11) La visée politique d'une telle reconnaissance est évidente ; maintenir le Québec dans la confédération canadienne. Ce genre d'argument dans un argumentaire sur le statut de pays du Québec est tout à fait acceptable ; il le serait moins dans un autre contexte. La réfutation est intéressante parce qu'elle permet de mieux appuyer notre Thèse avec de nouveaux arguments tout en rejetant des objections possibles.

L'argumentaire ainsi schématisé rend plus facile l'examen critique. Les forces et les faiblesses sont exposées ; il devient plus facile de renforcer les raisonnements plus fragiles, de mieux articuler la force des liens entre les prémisses ; la thèse en fin de compte est mieux défendue. Les avantages d'un tel schéma sont fort nombreux. Nous venons de voir pourquoi.

Ces considérations théoriques sur l'argumentation sont utiles pour organiser d'une manière rigoureuse le raisonnement qui sera utilisé pour défendre la Thèse de son mémoire de maîtrise ou de sa recherche doctorale. C'est aussi un outil fort pertinent dans l'évaluation critique que l'on peut faire des raisonnements d'autrui simplement pour nous permettre d'identifier la Conclusion (Thèse) et les arguments d'un texte. Le proposant peut faire un schéma en arbre chaque fois qu'il construit un argumentaire, c'est-à-dire pour chaque sous-thèse. Enfin, il n'est pas nécessaire d'apprendre par cœur les huit lois du raisonnement déductif, mais plutôt de développer une certaine aptitude à reconnaître les raisonnements valides. Voyons maintenant concrètement comment on peut argumenter son mémoire de maîtrise ou sa thèse de doctorat. Il importe d'abord de bien saisir ce qui constitue un argument.

CHAPITRE III

PREUVE, ARGUMENTS ET THÈSE[1]

La recherche du sens du monde n'a elle-même de sens que lorsqu'on est en mesure de bien argumenter celui que nous prêtons au monde.

Construire une preuve pour son mémoire de maîtrise ou sa thèse de doctorat semblera une démarche pour le moins étonnante. Est-ce bien une démarche méthodologique pertinente ? Si la réponse semble évidente pour certains, on ne voit toujours pas en quoi elle est nécessaire. Ne confondons pas non plus la preuve avec l'argument. Si la première apparaît nécessaire et englobante, l'argument se résume assez souvent à la présentation et à l'organisation des données recueillies. En effet, une fois l'hypothèse ou la proposition de recherche énoncée, ne devons-nous pas chercher les données qui permettront de vérifier ou de démontrer notre Thèse ? Ces données ne représentent-elles pas finalement les arguments qui vont la soutenir ?

La réponse se révèle tellement évidente qu'il ne paraît pas nécessaire d'en dire davantage. Une Thèse est soutenue ; elle est ensuite démontrée par des faits ou des données. Ce seraient là les arguments

---

1. Les auteurs remercient Pierre Drouilly, professeur au Département de sociologie de l'Université du Québec à Montréal, pour sa lecture attentive de ce chapitre et pour ses suggestions et commentaires enrichissants.

en sa faveur. Est-ce là pour autant une preuve ? C'est en général ce qui correspond non seulement à l'idée commune que l'on se fait d'un argumentaire, mais elle résume aussi assez bien la pratique habituelle en ce domaine. Pratique qu'on peut désigner à l'aide de l'expression « idéal empiriste ». Il consiste à croire que les données confirment ou non notre Thèse et que c'est là une tâche indispensable à accomplir dans le cadre d'une recherche scientifique. Est-ce exact ? Il y a ici une confusion fréquente entre preuve et arguments. C'est aussi mal comprendre la preuve et les arguments que de les réduire ainsi aux données d'enquête.

3.1. Faits et données

La collecte des données ou l'identification des faits représenterait la tâche principale pour argumenter son mémoire ou sa thèse. Elle doit être vérifiée empiriquement[2]. Les données sont souvent confondues avec les arguments. Pourtant, les deux n'appartiennent pas au même type logique. L'idéal empiriste ne nous égare-t-il pas ? Est-ce aussi simple ? Faits, données et arguments sont-ils synonymes ? Quel rapport existe-t-il entre les données, les faits et la preuve ?

Disons-le d'entrée de jeu : l'argumentaire est organisé en une suite de raisonnements cohérents et pertinents composés d'arguments construits à partir des données colligées. Un raisonnement, nous l'avons compris, comporte plusieurs arguments. L'ensemble constitue une preuve, c'est-à-dire ce qui permet de décider de la validité ou non d'une Thèse. On est jugé à la fois sur les arguments (parties) et sur la preuve (le tout). Voyons d'abord à distinguer entre données et arguments.

Il y a en effet un rapport étroit entre les deux. Les données vont constituer, c'est une évidence, une partie utile de nos arguments. Cette évidence mérite cependant un examen plus soigneux. En supposant que toute hypothèse doit être vérifiée empiriquement, la soumettre

---

2. Ce n'est pas toujours le cas, spécialement pour un mémoire de maîtrise ou une thèse de doctorat de nature plus théorique. Dans ces cas de figure, il n'y a pas à proprement parler de vérification empirique de la Thèse soutenue, mais essentiellement un argumentaire. L'explication est simple. Les sciences sociales sont peu formalisées ; il y a peu de raisonnement qui, à partir d'axiomes, en déduise logiquement les conséquences nécessaires. Personne n'est assez naïf pour croire que le réalisme (ou néo), l'institutionnalisme (ou néo), le constructivisme, la théorie critique, etc., sont des théories au sens fort du terme.

à l'épreuve de la réalité comme on aime le proclamer, les données colligées ne représentent pas à proprement parler des arguments. On désigne par argument un énoncé, considéré en lui-même, qui prouve ou réfute une proposition qui exige une justification. Si l'expérience de la réalité passe par l'exposé des faits et des données; ceux-ci doivent s'inscrire dans un cadre référentiel pour devenir un argument. Si les faits sont tirés des données de l'expérience bien établies (construits), le raisonnement est l'organisation de ces faits en preuve dont l'objectif est de rendre vraisemblable, crédible ou plausible une hypothèse ou une proposition de recherche. Un fait n'est pas un argument; il le devient dans un contexte théorique ou juridique donné. Rappelons qu'un fait ou même une donnée ne constitue pas en soi un argument. L'idée surprendra. Expliquons davantage.

Les arguments constituent les éléments d'un raisonnement pour démontrer, rendre acceptable ou plausible une assertion (hypothèse ou proposition de recherche) ou une théorie. Ce que ne fait pas d'emblée une donnée ou même un fait pris isolément. Il faut d'abord lui donner une signification. Dire par exemple «Le référendum de 1995 a fait l'objet d'une tricherie» est une donnée. Mais la proposition n'est pas encore un fait. Un jugement de la cour condamnant les coupables de la tricherie pourrait lui donner valeur de fait tout autant qu'une enquête journalistique reconnue indépendante démontrant la tricherie. D'une certaine manière, le raisonnement remplit cette fonction; il donne aux données une signification claire, le plus possible dépourvue d'ambiguïtés. Il les constitue en fait en les inscrivant dans un modèle explicatif ou compréhensif composé d'un ensemble d'arguments reliés logiquement ou significativement.

L'argumentaire élabore une preuve, c'est-à-dire qu'il organise les raisonnements d'une manière structurée, cohérente, hiérarchique en montrant les liens entre eux. Il établit aussi le lien de nécessité entre les raisonnements et la Thèse pour que la preuve soit décisive. Il est opportun de rappeler ici qu'une preuve est d'abord une opération discursive qui a ses propres règles de fonctionnement. Il n'est pas usuel de parler de preuve en sciences sociales. Ce n'est pas notre intention de l'introduire; nous croyons important d'en discuter brièvement pour rendre la démarche plus évidente. La preuve est surtout employée dans deux disciplines: le droit et la science.

En droit, la preuve est nécessaire pour décider d'un litige. Elle repose sur un argumentaire qui fait appel à des faits, des témoignages, des théories ou même à l'expertise scientifique. En science, nous le savons, la preuve est aussi nécessaire pour accepter ou rejeter une hypothèse. L'expérimentation joue souvent un rôle capital. L'expérimentation consiste à soumettre nos hypothèses à des tests planifiés, organisés en vue de vérifier leur validité. Les données de l'expérimentation ne sont que des éléments de la preuve.

Entre la preuve en droit et en science, il y a au moins deux points communs : 1) La preuve est une exigence dans les pratiques où l'on tente de lever l'incertitude sur la valeur d'un énoncé qui est posé d'abord comme une conjecture. 2) La preuve commande un argumentaire : celui-ci est composé de témoignages, de faits, de théories scientifiques, d'aveux, etc. Elle fait appel à des jugements de fait, de valeur ou de prescriptions. En droit, tout ce qui peut valider ou invalider une preuve est utilisé, y compris des procédés rhétoriques, alors qu'en science, on prêtera beaucoup plus d'attention aux données et à l'expérimentation. Le témoignage n'est pas exclu, mais plus rare et retenu avec circonspection. On parle de corroboration de nos données par d'autres recherches et d'appel à l'autorité.

La preuve relève d'une pratique concrète, de ce qu'il faut faire pour démontrer notre hypothèse ou notre proposition de recherche. Cependant, il n'y a pas de preuve sans un litige à dénouer ou sans évaluation de la valeur d'un énoncé. On le sait, elle ne fait pas seulement appel aux jugements de fait car elle vise aussi à convaincre. Elle convoque aussi la rhétorique[3]. Elle se construit minutieusement, rigoureusement ; chaque donnée convoquée trouve sa place dans un argumentaire en fonction de sa pertinence, de sa valeur et de son effet rhétorique. On notera qu'il s'agit d'un ensemble plus ou moins complexe et hiérarchisé de raisonnements fondés sur des témoignages, des faits, des données ou d'expérimentations organisées en vue de dénouer un litige. La preuve, selon la conjecture en question, doit être solide et convaincante. Avant de traiter d'argument, il faut parler des données et des faits. Ensuite, on verra comment on construit un fait pour argumenter – vérifier ou réfuter[4] – notre hypothèse ou notre proposition de recherche. Enfin, il

---

3. La rhétorique est traitée au prochain chapitre.
4. Nous utilisons le terme *réfuter* car on le trouve dans la littérature en sciences sociales dans un sens très différent de celui de Karl Popper et de sa théorie falsificationiste. Il est plus facile d'utiliser une approche hypothético-déductive où les hypothèses sont

faudra comprendre comment le fait s'inscrit dans une structure argumentative. Pour apprendre à construire son argumentaire, il est nécessaire de comprendre avec quoi l'on argumente.

3.1.1. Faits, données et arguments

Il y a deux choses à reconnaître. La première : il n'existe pas de fait en soi. Les fais n'existent que par signification. Cet énoncé est, pour plusieurs, énigmatique, pour ne pas dire absurde. On invoque souvent, sans le savoir, à propos de ceux qui nient la réalité, l'argument du bâton qui consiste à demander : « Accepteras-tu de recevoir un coup de bâton pour prouver l'exactitude de ta croyance qu'il n'y a de faits que par signification ? » Il en est de même pour les faits. Ils existent, rétorqueront-ils ! Il est impossible de nier, par exemple, que la Seconde Guerre mondiale a vraiment eu lieu ou que la loi 101 a été adoptée par le gouvernement de René Lévesque. On admettra volontiers que ces *faits* n'ont de valeur argumentative que si je traite de l'histoire occidentale contemporaine. Il est déjà plus difficile de faire admettre l'idée de Seconde Guerre mondiale à certains historiens ou politologues arabes. Ils contesteront le caractère mondial de cette guerre européenne[5]. Pour la loi 101, le fait n'est pas tant de savoir qu'elle existe – il y a bien eu le vote par l'Assemblée nationale d'une loi portant le numéro 101 –, mais de comprendre quelle signification on lui accorde. Il y a dans une année des dizaines de lois qui sont proposées par un gouvernement. La loi 101 est devenue un fait parce qu'on lui a accordé une signification *politique* particulière.

---

pratiquement toujours démontrées que d'affirmer que la seule certitude que l'on peut avoir sur un phénomène donné, c'est que notre hypothèse est fausse. J'imagine la réception d'un organisme subventionnaire ou des membres du jury de thèse de doctorat face à une telle affirmation. On veut des vérités, des faits démontrables, pas des ratiocinations épistémologiques.

5. L'histoire est certainement la science où les faits sont les plus controversés, d'un pays à l'autre, pour ne pas parler d'une civilisation à une autre. Non seulement les faits peuvent varier mais ceux qui sont reconnus semblables n'ont pas la même signification. Une défaite pour l'un est souvent une victoire pour l'autre quels que soient les faits ou les données. Il y a aussi que toute victoire est composée de petites défaites et que toute défaite est confectionnée de petites victoires. Ce n'est pas par cynisme ou pour des raisons politiques que l'on crie victoire quand son armée vient de subir une défaite. La frontière entre victoire et défaite est toujours arbitraire puisque ce ne sont que des significations ou des signifiants vides. Le débat – on devrait plutôt dire la lutte – porte sur sa capacité à imposer sa vision des choses ; à faire accepter comme fait historique que sa défaite militaire est plutôt une victoire politique. L'Histoire joue ici un rôle capital.

Une distinction importante s'impose. Il y a les *données*, ce que certains appellent des faits de «premier ordre», et les *faits*, les données de «second ordre». On désigne, par fait de premier ordre ou donnée, les personnages, les événements (batailles, guerres, conventions de paix, traités, découvertes, institutions reconnues, etc.), les dates qui sont historicisés. On entend par là celles produites par des institutions reconnues et auxquelles on accorde une valeur objective (elles prennent souvent la forme du nom propre). L'enseignement de l'histoire est rempli de faits de premier ordre : dates, personnages, guerres, batailles, grands événements sociopolitiques et ainsi de suite. On entend en général par fait de second ordre la signification que prennent ces données considérées comme objectives, l'interprétation que l'on en donne[6]. Quelle signification possède la Révolution tranquille québécoise, la guerre froide, la colonisation en Afrique, la guerre de 1939-1945 ? Ces événements pris au niveau de leur signification deviennent des faits. Autrement dit, les faits relèvent de la valeur qu'on leur attribue ; celle-ci peut l'être par des organismes, des gouvernements ou des institutions et des chercheurs reconnus dans une ou plusieurs sociétés données[7]. C'est avec ces derniers faits que l'on travaille dans son mémoire ou sa thèse.

Ainsi, un chiffre n'est pas un fait, mais une donnée. Par exemple, dire «30% des Québécois pensent que l'avortement est un droit acquis pour les femmes» est une donnée. Cette donnée a une valeur à titre de donnée d'enquête. Elle est un produit, mais pas encore un fait. Elle devient un fait lorsqu'on lui donne une signification, mais elle ne l'est pas simplement parce qu'elle est un résultat obtenu lors d'un sondage. Le sondage ne transforme pas d'emblée une donnée en fait, mais il a en général cet effet sur les gens. «C'est vrai puisque le dit un sondage»,

---

6. Il n'y a jamais de signification objective puisque par définition les faits, la valeur accordée à certaines données, dépendent de l'interprétation qu'on en donne. Il y a des luttes pour imposer telle ou telle interprétation. Certaines institutions ont plus de poids que d'autres dans la lutte pour dominer le champ symbolique des interprétations.
7. Le gouvernement de la Turquie mène une campagne très importante auprès entre autres des gouvernements des pays occidentaux contre la reconnaissance du *génocide* arménien. Il a menacé le gouvernement des États-Unis de retirer ses bases militaires de son territoire si la chambre des représentants du Congrès étasunien donnait une forme quelconque de reconnaissance à ce «fait». Y a-t-il eu ou non génocide du peuple arménien ? Il est difficile d'y répondre. La question n'est pas seulement théorique ou rhétorique pour les Arméniens ou pour les Turcs. Pour en avoir discuté avec une amie turque, on comprend vite qu'il s'agit d'autre chose ; mais quoi au juste ? C'est pratiquement impossible de le savoir.

entend-on souvent. Il produit des données institutionnalisées. Ils sont le résultat d'un travail qui utilise des méthodes et des techniques pour produire des données. Personne ne prétend que le 30 % est un fait ; c'est une donnée qu'il faut maintenant interpréter. Ce n'est pas là une chose aussi facile qu'on peut le penser. Il y a dans la société des luttes dont la visée est de donner une signification à ces données. Il s'agit de luttes symboliques entre institutions, chercheurs, gouvernements, etc., pour les imposer comme faits, pour leur prescrire une signification[8]. De la donnée au fait, il faut donc comprendre le processus par lequel la première est transformée et surtout réaliser qu'un fait ne s'impose que grâce à un rapport de force. L'argumentation et la rhétorique sont les principaux instruments de ces luttes ; malheureusement ce ne sont pas les seuls[9]. Nous verrons comment on doit faire d'une donnée un fait pour argumenter sa Thèse. Nous avons à peine esquissé la question de la différence entre fait et donnée ; le temps est venu d'élaborer davantage. Disons dès maintenant qu'on argumente avec des faits, des jugements de faits surtout.

Qu'est-ce qu'un fait ? Le donné[10], comme le terme l'indique, est une observation empirique pure telle que saisie par l'intuition. Il est ce qui est là, le *là devant moi*. Autrement dit, c'est une présence immédiate à la conscience. Le donné s'appréhende par les sens. Il est le déjà là, le *ce qui est*. L'être, sa présence, est l'attribut principal du donné. Il est relativement facile de s'entendre sur le donné, mais, et c'est la principale difficulté qu'on rencontre avec lui, il ne nous apprend que peu de chose sur le monde. La France, la Côte d'Ivoire, le Québec sont des donnés. Il est difficile d'argumenter à propos d'un nom propre sauf si on en conteste l'être. La contestation n'est pas facile. Qui peut nier l'existence de la Côte d'Ivoire ? Que dire alors de la domination politique, de la guerre comme mécanisme de régulation, du vote, de

---

8. Il est facile de s'en rendre compte en constatant l'effort de plusieurs groupes, individus ou institutions pour donner une signification à ce 30 %. Il faut comprendre cet effort pour faire de cette donnée un fait.
9. On pense aux nombreuses doctrines religieuses, politiques, aux idéologies, aux mythes, aux slogans et aux formules politiques, etc. Ce sont tous à leur façon des procédées visant à transformer des données en faits.
10. Il importe de bien distinguer donné et donnée. Le premier renvoie à une chose qui est là devant moi, une chose qui n'est possible que si on en constitue la saisie ; la donnée est tout ce qui est recueilli d'une manière rigoureuse en vue de la traiter avec des outils mathématiques ou statistiques.

l'adoption d'une loi ? Ce sont des donnés qu'il faut transformer en fait. Quand considère-t-on qu'un conflit devient une guerre, combien de gens doivent se faire massacrer pour que le génocide soit un fait ?

L'être n'est cependant pas un attribut suffisant pour nous permettre de saisir la signification d'une donnée. Il ne nous dit rien sur la chose elle-même. Ce ne sont que des attributs grâce auxquels il est possible de développer une connaissance de la chose. Dire qu'une chose est (existe) nous apprend peu sur ses caractéristiques, sur comment elle s'inscrit dans le monde, c'est-à-dire selon quelle modalité (signification) elle existe pour nous. On comprend mieux l'importance de l'argumentation ; les faits ont une importance capitale dans nos manières de nous gouverner nous-même et les autres. La réponse à ces questions se trouve dans la culture, dans la signification qu'on accorde à tout ce qui existe. Parler de culture, c'est une référence trop vaste pour permettre de saisir le processus par lequel un donné devient un fait. Il faut parler d'interprétation, de signification et, dans certains cas, de la valeur qu'on accorde au donné.

Par interprétation, on entend généralement la pratique qui consiste à prêter une signification à un événement ou à une chose. Il ne s'agit pas, contrairement à ce que l'on pourrait croire, de saisir le sens comme s'il fallait seulement le recueillir. Interpréter, c'est prêter sens à quelque chose qui n'en a pas d'emblée, lui donner une signification singulière, une vie distinctive. C'est une question très difficile que celle d'interpréter dans la mesure où mon existence est elle-même mise en cause. Interpréter c'est d'abord donner vie à soi-même, c'est déterminer qui je suis. Plutôt que de recueillir, il faut parler de produire de la signification. Pensons à un artiste qui interprète une œuvre musicale. Il ne cherche pas uniquement à jouer les notes l'une après l'autre dans le bon ordre, de la bonne manière, suivant en cela les directives du compositeur ; il veut en découvrir la signification. Il souhaite en éprouver toute la puissance. Il désire lui donner vie.

Une chose n'existe que parce qu'on lui accorde une signification ou une valeur. L'exemple qui suit devrait mieux faire comprendre l'idée de signification comme modalité de l'existence d'une chose. Une pierre est un minéral, un objet sacré ou précieux (ayant une grande valeur monétaire). Elle existe pour nous sous ses différentes modalités. Elle n'est pas plus l'un que l'autre ; le minéralogiste n'a pas plus raison que le prélat ou le joaillier, mais l'existence de la pierre dépend de la signification que chacun lui accorde et de sa capacité à l'imposer comme étant sa véritable réalité. Le joaillier qui affirme que cette pierre est un diamant a de bonnes chances d'imposer sa signification car il est un spécialiste reconnu des pierres précieuses. Elle reste un minéral pour le minéralogiste qui se soucie assez peu, sans l'ignorer complètement, de la valeur marchande du diamant dans nos sociétés. Pour certains, le fait que la pierre soit un diamant n'a aucune valeur puisque pour eux la pierre est sacrée, la représentation de la substance divine. On voit mieux maintenant comment une pierre devient un fait.

La contingence du donné rend précaire son utilisation dans un raisonnement. Chacun regarde le monde à sa façon et il prétend, avec justesse, que son observation est aussi valable que celle des autres. Comment le convaincre que cette pierre n'est pas sacrée, qu'elle a ou n'a pas de valeur économique[11]? Pour le joaillier, la chose est simple. Selon ses critères d'expertise, la pierre est ou n'est pas un diamant. C'est moins simple si je parle plutôt d'une pierre sacrée. Le donné est peu utile en science si ce n'est pour signaler au plan métaphysique qu'il existe quelque chose plutôt que rien. Si le donné ne sert pas véritablement, le fait peut-il nous être utile? N'est-il pas un donné?

Le fait sera défini comme un donné élaboré en vue de s'insérer dans un système ou plutôt dans un langage plus ou moins formalisé nous permettant de comprendre le monde qui nous entoure. Il n'y a de faits que par signification, avons-nous prétendu. Il y a donc une construction du fait. Soyons plus pointu encore et précisons ce que l'on entend par construction d'un fait. Nous devons d'abord préciser un certain nombre de choses: 1) Le fait ne relève pas de l'intuition immédiate. 2) Il n'acquiert de signification que par rapport à d'autres faits. 3) Le fait est de l'ordre de la signification; il obéit à des règles particulières de production, celles de l'interprétation, selon les discours dans lesquels il s'inscrit. Un fait en physique n'est pas le même qu'en histoire, en sociologie ou en science politique. Il est même très difficile de les transposer d'un discours à l'autre. L'attribut *politique*, *sociologique* ou *historique* accolé à un donné lui confère une signification particulière et un statut différent dans une société donnée[12]. Attardons-nous aux deux dernières caractéristiques du fait.

---

11. On pourrait au moins essayer de lui faire accepter l'idée qu'elle est à la fois toutes ces choses en même temps.
12. Voir sur cette question Lawrence Olivier *et al.*, *Repenser l'histoire des idées politiques: réflexions théoriques*, Montréal, Département de science politique, Université du Québec à Montréal, coll. «Note de recherche», 2001.

Dire qu'un fait n'acquiert de signification que par rapport à d'autres faits est certainement la proposition la plus importante dans la définition d'un fait. Il importe de bien le comprendre pour pouvoir argumenter une thèse de doctorat ou un mémoire de maîtrise. Un fait est une relation avec un autre fait. L'important, ce n'est pas tant la coprésence de deux faits, mais la relation. C'est elle qui construit la signification, qui donne une valeur, qui fait d'un donné un fait. Il y a trois choses qu'il importe de saisir : 1) La relation est le fait. 2) La signification est dans la relation. 3) La dynamique relation/signification est ce qui tient lieu de fait. Précisons notre idée.

La relation est le fait. L'énoncé est certainement très difficile à saisir tant nous sommes habitués à concevoir le fait comme une entité unique, une unité. Le fait est conçu en général comme porteur d'un sens. C'est ce qui nous autorise en général à parler de fait. Pourtant, c'est l'inverse qui se passe. Ce qu'on désigne par fait est un ensemble vide. C'est un donné, qui attend qu'on lui prête une signification. La démarche est relativement simple ; il n'y a de fait que dans la rencontre. Une donnée doit être mise en présence d'une autre donnée. La relation entre les deux constitue une signification. Les exemples sont nombreux et faciles à comprendre : la feuille et l'étendue, le bois et la solidité, la guerre et les pays. Dans ces exemples, les liens entre les faits ne sont pas toujours de nécessité ; la guerre ne se fait pas toujours entre pays même si par ailleurs la feuille de papier possède toujours une étendue. Il n'y a pas de feuille de papier sans étendue ; celle-ci est la condition de possibilité de la feuille, sa condition *a priori*. La feuille de papier suppose une étendue car c'est une manière de l'établir en réalité.

Maintenant, la deuxième chose notable à garder à l'esprit : malgré la nécessité d'une relation, on ne voit pas comment elle s'établit. Ce n'est certes pas l'effet du hasard ; le fait doit avoir un caractère d'évidence et de certitude. La relation est établie par le système référentiel, cadre théorique, qui détermine à la fois les données pertinentes à regarder, le type approprié de rapports possibles (cause, variation, structuration, etc.) et les liens logiques entre elles. L'ensemble permet de produire une explication ou une compréhension. Toutes deux ne sont que des formes dérivées de signification. Le cadre référentiel permet d'établir des liens de nécessité. C'est cette nécessité qui fait d'un donné un fait. Attardons-nous un moment à ce lien de nécessité.

Il existe deux grands types de nécessité : *catégorique* ou inconditionnelle et *hypothétique* ou conditionnelle. Le premier relève des principes de la logique. Il s'agit d'une nécessité qui lie très fortement. Dans ce premier cas, je ne peux douter qu'une chose existe (fait) sans violer les principes de base de la logique. Les liens logiques puissants tiennent lieu de nécessité. La logique agit comme critère d'évaluation de la nécessité. Plus le lien logique est fort, plus la relation entre les énoncés est rigoureuse. Est nécessaire ce qui respecte les trois principes de la logique classique (identité, non-contradiction et tiers exclu). Certains syllogismes relèvent de la nécessité catégorique[13]. On pense à la conclusion d'un syllogisme. Il est nécessaire qu'elle repose sur des liens logiques syntaxiques forts avec les prémisses. Est nécessaire ce qui peut toujours être dit d'une chose, d'un événement ou d'une personne. Elle relève d'un prédicable essentiel. Dire « une feuille de papier est étendue » est un bon exemple. On ne peut imaginer une feuille de papier sans étendue. Ce type de nécessité est plutôt rare en sciences sociales et il relève des systèmes formels.

En science, on fait surtout appel à la nécessité *hypothétique* ou conditionnelle. On la désigne aussi du nom de démarche hypothético-déductive. La contingence y joue un rôle important. On entend par contingence les choses qui sont en contact, en rapport[14]. Le lien entre les choses n'est pas aussi puissant que dans la nécessité ; il n'est pas non plus complètement dû au hasard. Il est probable. Cela ne veut absolument pas dire que les conclusions n'ont pas de valeur. Il importe de distinguer l'usage que les sciences et les sciences sociales en font. En science, on pose un certain nombre d'axiomes à partir desquels on déduit l'ensemble des conséquences logiques. Les axiomes sont des énoncés considérés comme vraies (ou non démontrables), sources de toute démonstration mais ne pouvant en faire l'objet. Il n'y a pas à les justifier, mais à dégager les conséquences logiques de ces axiomes. On comprend que les sciences se présentent comme des systèmes très cohérents, solidement articulés où la nécessité est très forte entre les prémisses et la conclusion (Thèse). On parle alors de système formel ; ces systèmes ont des exigences et des lois qui leur sont propres.

---

13. Voir le chapitre 2, p. 39 et suivantes.
14. Victor Thibaudeau, *op. cit.*, p. 179-180.

En sciences sociales, la manière de procéder est un peu différente sans pour autant altérer leur statut de science. On énonce, en général, une Thèse – dont on ne discute pas le bien-fondé[15] – que l'on cherche à argumenter à l'aide de faits. C'est une forme affaiblie et affadie de la nécessité conditionnelle[16]. C'est à cette logique que se rattache pour la plupart la démarche du mémoire de maîtrise ou de la thèse de doctorat. C'est donc dire que les faits doivent avoir un lien avec la Thèse, un lien évident (probable) et surtout pertinent. La nécessité est conditionnelle même si l'expression paraît paradoxale et la conclusion est plus souvent qu'autrement seulement probable. Le terme *probable* peut donner l'impression qu'il est difficile sinon impossible d'atteindre la certitude. Ce n'est pas le cas; il faut seulement noter qu'en sciences sociales il est très difficile de démontrer des liens de nécessité puissants. Le nombre de variables est trop élevé et changeant. Par exemple, une cause produit un effet qui devient lui-même une cause d'autres variables. Il n'est pas toujours facile de distinguer une cause d'un effet tant l'enchevêtrement des deux est constant et difficile à identifier. Si l'évidence relève de la logique, la pertinence dépend de la force du lien qui unit deux propositions. Elle découle de la compréhension – théorique et logique – de la Thèse énoncée. Est pertinent ce qui s'impute directement de la Thèse.

La pertinence des faits est un critère supérieur dans la perspective de l'argumentaire à la quantité des faits ou des données rassemblées. La raison est simple: c'est le lien de nécessité entre les faits qui importe avant toute autre considération. Il ne pourrait à la limite n'y avoir qu'un seul argument. Il y a donc un travail préalable à faire sur les faits. Comment faire d'une donnée un fait pertinent ou un argument en

---

15. En fait, il faut apporter les précisions suivantes. Le *bien-fondé* de la Thèse est établi en amont lors de la revue de la documentation ou de l'état de la question. Celle-ci permet d'établir qu'elle s'inscrit dans les débats de la discipline; elle appartient à un champ cognitif donné; elle est une réponse à une question de recherche clairement présentée. La Thèse est une affirmation, une conjecture, qu'il faut justifier. Son *bien-fondé* est discuté à l'aide des arguments. Un raisonnement faible ou très faible conduira à son rejet mais, en général, elle est rarement refusée d'emblée. Le cas échéant, il n'y a pas à débattre. Si la démarche hypothético-déductive est largement utilisée en sciences sociales, ce n'est pas la seule. La démarche inductive est aussi utilisée ainsi que des logiques mixtes comme chez Michel Crozier qui utilise une approche hypothético-inductive. Gregory Bateson et Paul Feyerabend font appel à une approche maïeutique (dialogique).
16. Il n'y a pas, à quelques exceptions près, moyen de faire autrement.

faveur de notre Thèse ? Avant de répondre à cette question, précisons certaines choses utiles à propos de l'hypothèse et de la proposition de recherche.

3.2. Comprendre sa Thèse

3.2.1. L'hypothèse

Lorsqu'on parle d'hypothèse, il importe de comprendre que l'on a affaire à des énoncés postulatoires[17]. En effet, une hypothèse, rappelons-le, énonce une relation entre des faits virtuels. Dire qu'il y a une relation entre la langue et le vote est un fait virtuel qui exige une vérification. Un fait virtuel étonne jusqu'au moment où on saisit qu'il s'agit d'une conjecture, une supposition qui paraît plausible et féconde. Celle-ci, l'hypothèse, est en général de nature probabiliste. Il s'agit à partir des données colligées et grâce à des outils statistiques de vérifier la relation postulée entre mes variables. Deux remarques s'imposent : la première concerne l'usage des outils statistiques et la seconde, davantage la vérification elle-même, le lien des arguments à l'hypothèse. Auparavant, il faut saisir le sens de notre hypothèse.

Il faut bien comprendre le sens logique de notre hypothèse ou de notre proposition de recherche[18]. Rappelons-le, l'hypothèse est une proposition qui met généralement en relation deux variables (une variable dépendante et une variable indépendante) à l'aide d'un marqueur de relation. Avant de construire un argumentaire, il faut être en mesure de saisir ce qu'implique la relation que nous cherchons à établir entre nos deux variables. Si je soutiens l'hypothèse « Le vote pour les partis politiques varie selon la langue d'usage des électeurs », il faut comprendre que la signification du marqueur de relation *varie*. Mon hypothèse m'indique déjà la voie à suivre : je cherche à établir un lien de variation. Une chose varie selon les paramètres de variation d'une autre chose avec laquelle elle est mise en rapport. Elle peut être positive ou négative. Prenons l'exemple simple de deux partis politiques pour la

---

17. Gilles-Gaston Granger, *La vérification*, Paris, Odile Jacob, 1992, p. 221-249.
18. Nous n'allons pas répéter chaque fois les termes *hypothèse* et *proposition de recherche*. Le chapitre 1 a bien établi la différence ente les deux, ce qui nous oblige à les traiter l'un après l'autre.

variable dépendante, le Parti jaune et le Parti noir, et les langues d'usage suivantes pour la variable indépendante : le marsien et le vénusien. La variation suggérée par l'hypothèse a quatre conditions de vérification qui précisent la nature de la variation. On peut le comprendre de la manière suivante : les marsinophones votent pour le Parti jaune et les vénusophones votent pour le Parti noir. La relation inverse est aussi très valable : les marsinophones votent pour le Parti noir et les vénusophones votent pour le Parti jaune. Pour établir cette relation, je devrai faire appel à des outils statistiques qui me permettront de mesurer statistiquement la variation, et de vérifier si elle est significative. On entend par là si la relation existe réellement ou si elle est due au hasard. S'il y a relation entre la langue et le vote, on cherche à voir si elle est statistiquement significative. C'est la raison pour laquelle on présente les conditions où la relation est nulle (absence de relation). C'est en fonction de l'hypothèse nulle que s'établit la relation significative. L'hypothèse nulle est celle où il est impossible de prévoir (prédicable) quoi que ce soit puisque la relation entre mes variables est due au hasard[19].

Les conditions de vérification d'une hypothèse (association parfaite)

Vote	Langues
Parti jaune	marsinophone (100%)
Parti noir	vénusophone (100%)

Vote	Langues
Parti jaune	vénusophone (100%)
Parti noir	marsinophone (100%)
	Données théoriques

---

19. Une relation est due au hasard s'il y a autant de chance (50%) que les marsinophones votent pour le Parti jaune ou le Parti noir et les vénusophones votent pour le Parti noir ou jaune. En somme, je ne peux rien prédire sur le comportement des marsinophones et des vénusophones.

Les conditions de vérification d'une hypothèse (association nulle)

Vote	Langues
Parti jaune	marsinophone (50 %)
Parti noir	vénusophone (50 %)

Vote	Langues
Parti jaune	vénusophone (50 %)
Parti noir	marsinophone (50 %)
	Données théoriques

L'enquête donnera rarement des résultats aussi tranchés que l'illustrent nos exemples. La variation serait parfaite si tous les marsinophones votent pour le Parti jaune et tous les vénusophones pour le Parti noir ou vice-versa. Connaissant la langue, je peux alors prédire, avec une probabilité connue de me tromper (je peux la calculer), pour qui les marsinophones ou les vénusophones voteront. Mais, et c'est plus fréquent, il est possible, par exemple, que 80 % des marsinophones votent pour le Parti jaune et 20 % pour le Parti noir, et que 75 % des vénusophones votent pour le Parti noir et 25 % pour le Parti jaune. Il n'est pas important dans le cadre de cet ouvrage de savoir comment à l'aide d'outils statistiques on parviendra à montrer l'existence ou non d'une association entre nos deux variables. Il faut plutôt savoir quoi faire avec les résultats obtenus. Supposons que l'étudiant ayant fait un Chi carré (χ^2) et que ce dernier soit significatif. De plus, son résultat est validé par des mesures associées ; est-ce à dire que cela suffit pour argumenter mon hypothèse ? Qu'il y ait association – statistique – entre le vote et la langue représente-t-il un argument suffisant pour étayer mon hypothèse ? Nous ne le croyons pas. Vérification et argumentation doivent être distinguées. La vérification est un processus assez complexe ; elle exige une démonstration assez longue qui ne peut avoir lieu ici[20]. Cela étant dit, on peut, malgré tout, présenter

---

20. On consultera pour ce faire l'ouvrage de Gilles-Gaston Granger, *op. cit.*

les grandes lignes de la vérification en sciences sociales sans entrer dans toutes les considérations théoriques et méthodologiques que mériterait un tel exercice.

3.2.1.1. L'argumentation de l'hypothèse

Que fait l'outil statistique ? Il mesure à partir des données colligées l'existence ou non d'une relation statistique – dépendance, corrélation, association pour ne nommer que les plus importantes – entre les données de chacune de mes variables. En supposant que le résultat de mon analyse statistique soit positif, c'est-à-dire que je constate qu'il existe une relation statistiquement significative entre mes variables, s'agit-il d'un argument ? La réponse est négative. Voyons pourquoi.

Il faut alors parler d'un énoncé statistique, signifiant par là qu'il est virtuel et seulement probable. Cela ne pose pas en soi de réelles difficultés, mais en définissant ainsi la donnée, il faut montrer ce que signifie maintenant vérifier. Pour ce faire, il faut parler du cadre référentiel et du rapport théorie/empirie. La donnée repose sur un énoncé probable dont la valeur dépend pour l'essentiel de la stabilité des fréquences observées[21]. La relativité d'une fréquence attribue à la donnée une certaine objectivité par l'observation empirique, mais en même temps, elle ne vérifie pas l'hypothèse. La donnée reste à ce plan un fait de premier ordre. Elle ne nous apprend que peu de chose sur le monde. L'objectivité relative de la donnée, une fois calculée la probabilité que l'événement n survienne ou ne survienne pas, exige une explication. Autrement dit, il faut l'interpréter et lui donner une signification.

Comme il s'agit d'un fait virtuel soumis à l'examen empirique, la donnée ne fait que montrer une occurrence. Il faut et c'est à ce niveau qu'intervient l'argumentation, la situer dans un cadre référentiel qui lui donne une signification. Par cadre référentiel, on désigne le cadre théorique qui a donné lieu à la formulation de l'hypothèse[22]. Comment s'établit la signification ? Il faut actualiser le fait virtuel. Que

---

21. Nous suivons dans les prochaines lignes l'exposé de Gilles-Gaston Granger, *op. cit.*, p. 199-208.
22. Ce n'est ni la place ni le moment pour parler du cadre théorique. On entend par ce terme la théorie opérationnalisée, concrétisée d'une manière telle qu'elle rend possibles non seulement des observations sur le monde, mais grâce aux concepts qu'elle

faut-il comprendre ? L'hypothèse est toujours liée à un champ cognitif ; elle est l'énoncé d'un fait virtuel. Il s'agit maintenant de donner une signification à ce fait virtuel. L'observation empirique est insuffisante. La donnée est rapportée aux concepts clefs du cadre référentiel qui l'inscrit dans son champ cognitif comme élément qui permet de vérifier l'hypothèse. Celle-ci n'a cependant de réalité qu'en rapport avec les concepts ; la donnée permet alors d'étoffer notre champ cognitif. Ce travail exige une argumentation, une actualisation du fait. C'est lui qui, en mettant en rapport les données avec les concepts, lui donne une signification en l'insérant dans une explication plus large du phénomène. L'argumentation se situe à ce niveau. Elle a son origine dans les deux questions suivantes : En quoi les données ainsi inscrites dans le cadre théorique permettent-elles de mieux rendre compte du phénomène étudiée ? Qu'est-ce qu'elles autorisent comme explication ?

Nous savons déjà comment une donnée devient un fait ; il faut maintenant voir comment ces faits peuvent constituer une preuve. Établir une preuve statistique est quelque chose de fort complexe qui relève en partie des mathématiques[23]. C'est une chose de montrer les liens qui unissent deux variables ou plus, c'en est une autre que de prouver que ce lien est nécessaire et qu'il peut argumenter une hypothèse. À l'évidence, la preuve statistique est insuffisante. Le lien entre le modèle théorique et le modèle empirique – les données colligées – est loin d'être évident. Que les données formelles, les résultats statistiques, confirment ou infirment le cadre référentiel n'est pas facile à établir. En fin de compte, la difficulté est toujours de même nature. Il faut inscrire les faits dans le cadre référentiel. Celui-ci doit être en mesure de leur donner une signification particulière et de faire des données des éléments d'une preuve. Il n'y a pas de preuve sans interprétation des données, alors transformées en fait.

L'exemple du vote et de la langue est intéressant. Il ne suffit pas d'avoir établi statistiquement que les marsinophones ont voté majoritairement pour le Parti jaune et que les vénusophones ont voté eux aussi en grand nombre pour le Parti noir ; encore faut-il comprendre

---

utilise elle permet de fournir une explication aux phénomènes qu'elle a identifiés comme pertinents. Il arrive souvent qu'un chercheur fasse appel à plusieurs théories pour bricoler son cadre référentiel ou théorique.

23. Voir à ce sujet Claudine Schwartz (dir.), *Statistique : expérimenter, modéliser, simuler*, Paris, Vuibert, 2006.

pourquoi. Pour argumenter le lien ente la langue et le vote, il faut établir une preuve. Celle-ci repose sur deux questions auxquelles on doit répondre : que prédit le cadre référentiel ? Il affirme certainement qu'un groupe linguistique vote d'une manière et que l'autre groupe linguistique vote différemment, donc pour l'autre parti. Une fois la prédiction faite et vérifiée statistiquement, il faut maintenant établir la preuve ; associer et interpréter les données à d'autres variables sociologiques. Quels sont les faits, les données sociologiques qui nous permettent non pas d'établir la relation entre la langue et le vote, mais d'en comprendre la signification ? Le contexte sociopolitique peut être évoqué, comme le genre, l'âge, le revenu, le statut social, le statut civil, le type d'emploi, les croyances religieuses, etc. On pourrait multiplier le nombre de variables, mais ce serait inutile pour notre exemple. Le cadre de référence propose celles qui sont considérées les plus pertinentes et capables de fournir une explication vraisemblable, plausible ou crédible.

Ce La prédiction une fois établie, avons-nous dit, il faut construire la preuve. Elle repose pour l'essentiel sur le lien qu'on peut établir entre les variables du cadre référentiel (théorique) et les données d'enquête (empirique). On veut expliquer un phénomène : le lien entre le vote et la langue. La preuve cherche à étayer ce lien qui n'est pas évident. Dans ce dessein, en tenant compte des prédictions du cadre référentiel, il s'agit d'établir les faits pertinents. La langue qui paraît une variable relativement simple ne l'est pas. Il faut au moins distinguer la langue d'usage, celle parlée à la maison, et la langue parlée avec les amis, au travail, la langue maternelle, celle acquise par l'éducation des parents. Il peut y avoir dans les deux cas plus qu'une réponse. Le vote n'est guère plus simple ; s'il est plus facile de savoir pour qui une personne a voté, les raisons qui l'expliquent sont beaucoup plus difficiles à établir. Entre les résultats des deux langues et le vote, l'explication prend place. Elle consiste pour l'essentiel à établir un lien nécessaire entre les deux. Comment expliquer que 80 % des marsinophones votent pour le Parti jaune ? La preuve se situe à ce niveau. Tout compte fait, elle sera obligatoirement de nature sociologique. La raison en est simple : la preuve devra transformer des données en faits qui voient dans les conditions sociales des deux groupes linguistiques les raisons de leur choix politique.

Les marsinophones appartenant à un groupe minoritaire appuient le Parti jaune car ce dernier prône dans son programme politique la défense de la langue marsienne et la promotion de l'égalité des chances. Les Marsiens sont une population peu scolarisée, occupant majoritairement des emplois faiblement rémunérés, de tradition religieuse nihiliste, etc. Il ne suffit pas, on s'en doute, d'énumérer ces caractéristiques. Il faut les associer en élément de preuve démontrant leur appui au Parti jaune. Le même procédé s'applique aux Vénusiens. De plus, les explications pour les Marsiens doivent être mises en rapport avec celles des Vénusiens. Les caractéristiques d'un groupe peuvent constituer des raisons pour l'autre groupe d'appuyer un parti différent. Les uns sont nihilistes, les autres panthéistes, le Parti jaune ayant des politiques antiavortement alors que le Parti noir est davantage prochoix. On le notera, la formation de la preuve est exigeante et toujours incomplète.

La complexité de la preuve

Marsiens	Vénusiens
Nihiliste	Panthéiste (enquête)
Niveau de revenu	Revenu (enquête)
Scolarisation	Scolarisation (enquête)
Langue	Langue
Emploi	Emploi

Parti jaune	Parti noir
Antiavortement	Prochoix (étude du programme)
Politique sociale	Libéralisme économique et social (*ibid.*)
Protection de la langue	Libre choix (*ibid.* et études secondaires, témoignages, entrevues, etc.)

Notons cependant qu'il n'y a jamais de données objectives et qu'une preuve dépend toujours de l'interprétation (théorie) que l'on en donne. Nous avons seulement identifié quelques variables et quelques références, auxquels on peut faire appel pour établir la preuve, permettant d'expliquer la relation entre la langue et le vote. Il y en aurait certainement plusieurs autres, l'objectif étant, nous l'avons dit, de trouver un lien nécessaire fort entre le vote et la langue. On peut mesurer la force du lien par sa capacité à énoncer des prédictions ; connaissant votre appartenance linguistique, je peux dire, avec une probabilité connue de me tromper, pour quel parti vous allez voter. Pour en arriver là, le travail de constituer une preuve statistique est exigeant.

La preuve doit faire appel à toutes les données pertinentes, colligées à l'aide d'enquête, de témoignages, de données, d'analyse de source primaire et secondaire, etc., qu'elle organise en vue de démontrer l'existence d'une relation entre langue et vote. Pour constituer une preuve qui soit pertinente par rapport à l'hypothèse, les données sont associées aux variables considérées comme pertinentes. Il s'agit d'établir des relations entre les variables socioéconomiques et le vote pour tel ou tel parti. Une fois établis, il faut maintenant les expliquer, les inclure dans un modèle général qui vise à saisir les facteurs qui incitent les Marsiens à voter pour le Parti jaune et les Vénusiens à voter pour le Parti noir ou vice-versa. La démarche se fera en deux temps : la langue et le vote. Si la langue est la variable considérée comme pertinente pour expliquer le vote, encore faut-il être certain, malgré les apparences, qu'elle est importante pour les marsinophones et les vénusophones. L'argumentaire l'utilisera abondamment dans ses raisonnements, qui se développeront autour de deux axes principaux. Le premier consistera à montrer l'importance de la langue chez les marsinophones. Le raisonnement pourrait faire appel à des enquêtes qui la montrent dans des contextes variés. Il pourra faire état de sondages qui l'affirment. On pourra aussi utiliser des exemples qui illustrent l'importance de la langue chez les marsinophones. Deuxièmement, il s'agit de faire de la langue un fait social important et pertinent pour nos deux communautés en sachant qu'il est possible qu'elle n'ait pas la même importance pour chacun d'entre elle. Le cas échéant, il faudra en tenir compte dans l'explication à donner de cette relation. Pourquoi est-elle importante pour une communauté et moins ou même pas du tout pour l'autre ?

La preuve ne peut se limiter à ce premier raisonnement ; on doit aussi établir le lien entre la langue et le vote. On a un lien statistique, il faut lui donner une signification sociologique qui rend l'hypothèse plausible, crédible ou vraisemblable. Pourquoi l'importance de la langue se traduit-elle au plan politique par un appui important au Parti jaune ? Il faudra certainement bien comprendre à la fois la composition sociologique du parti : Qui en sont les membres ? Quelles sont les caractéristiques socioéconomiques de ces membres ? Que propose le parti ? Le nombre d'adhérents? Qui cherche-t-il à rejoindre? Comment y parvient-il? Réussit-il? Quel est le niveau de participation des membres? Etc. Les mêmes questions doivent aussi être posées au Parti noir. Car il est possible et probable qu'une partie de la réponse à notre hypothèse se trouve dans les réponses aux questions posées au Parti noir. Le raisonnement doit faire état de l'ensemble des réponses à ces questions. Il faut les organiser en des raisonnements qui expliquent le lien entre le vote et la langue.

3.3. La démonstration de la proposition de recherche

Dans le cas d'une proposition de recherche, un énoncé de sens qui propose de donner à tel ou tel phénomène social une nouvelle signification, la démarche est similaire. Évidemment, la proposition de recherche peut avoir une multitude de formes, allant du simple énoncé à une proposition de signification très élaborée. Par exemple, « La Suisse est intervenue politiquement en Côte d'Ivoire pour préserver ses intérêts économiques et particulièrement ses intérêts dans la production du cacao » est un énoncé relativement simple dont la forme est courante en science politique. Par contre, la proposition suivante est plus complexe et sophistiquée: « [L]e conflit ivoirien est un mécanisme militaire et politique de régulation de l'houphouëtisme destiné à contrôler la refondation en vue d'assurer la reproduction du système de dépendance structurelle de la Côte d'Ivoire de la France[24]. » On ne trouve pas dans les deux propositions – d'une manière évidente – de marqueur de relation ni même de variables. Il n'y a pas non plus de variable dépendante, indépendante ou autre au sens technique du terme. Il y a donc un travail de compréhension de la proposition de recherche à faire. Il sera possible ensuite, mais seulement à ce moment, d'élaborer les raisonnements capables de rendre vraisemblable, crédible ou plausible la proposition de recherche.

Dans la proposition de recherche sur la Côte d'Ivoire, trois éléments clés sont à comprendre et à définir: 1) Le conflit ivoirien comme mécanisme militaire et politique de régulation de l'houphouëtisme. 2) Contrôle de la refondation. 3) Assurer la reproduction du système

---

24. C'est la proposition de recherche d'Adolphe Blé Kessé dans son ouvrage *La Côte d'Ivoire en guerre: le sens de l'imposture française*, Paris, L'Harmattan, 2005, p. 30.

de dépendance structurelle de la Côte d'Ivoire. Déjà, en précisant et en définissant chacun de ces éléments de la proposition de recherche, une compréhension plus fine, mieux maîtrisée se dégagera. Il s'agit d'interpréter le conflit ivoirien comme un *mécanisme* par lequel un gouvernement étranger essaie de maintenir sa *domination* politique et économique sur la Côte d'ivoire. À partir de là, il faut construire les faits pertinents capables d'argumenter cette proposition de recherche. Ces faits doivent obligatoirement porter sur le mécanisme militaire et politique de régulation, le maintien de la domination et surtout, et c'est le plus important, sur le lien qu'il est possible de tracer entre les deux. Toute la difficulté – la source des raisonnements à construire – se trouve ici. Elle se traduit à l'aide des deux questions suivantes : la proposition de recherche donne-t-elle aux événements de la Côte d'Ivoire une signification qui permet de mieux comprendre en partie ou en totalité le conflit ivoirien, c'est-à-dire au moins trois choses : 1) La nature conflictuelle de ce qui s'y passe. S'agit-il d'un conflit ? Si oui, de quelle nature est-il ? (guerre, rébellion, invasion, déstabilisation, complot, etc.). 2) Permet-elle d'identifier le plus objectivement possible les acteurs importants ? La proposition affirme que la France joue un rôle de premier plan. Est-il possible de montrer ce rôle de premier plan ? Par quels comportements identifiables ou observables peut-on le montrer ? Qui sont les autres acteurs ? Est-il possible de rendre compte de leur action ? 3) La compréhension des enjeux de la crise ivoirienne est-elle concevable ?

La proposition énonce que l'intervention de la France vise à maintenir sa domination sur la Côte d'Ivoire. Que veut dire « maintenir sa domination ? » La proposition est complexe car elle suppose une compréhension claire et relativement simple de ce qu'est une domination[25]. Que veut-on analyser lorsqu'on parle de domination ? On précise dans la proposition qu'il s'agit de maintenir la domination, c'est donc qu'elle existe déjà. L'utilisation du cadre d'analyse est ici essentielle. Il faut être en mesure de comprendre ce qu'implique la manière de saisir le plus concrètement possible le *maintien* d'une domination dans un pays étranger. L'auteur fait appel à l'analyse des systèmes d'Edgar Morin pour rendre compte de ce qu'il appelle la rétroaction négative de la France

---

25. Le terme de *domination* est fort courant dans certaines approches en science sociales et politique. C'est une notion difficile à opérationnaliser parce qu'elle relève d'un discours surtout militant. Veut-on dire à la suite d'Herbert Marcuse que c'est une manière d'instrumentaliser les rapports humains ? Il faut alors montrer les formes concrètes de cette instrumentalisation.

Preuve, arguments et thèse 81

– actions de la France –, cherchant à contrer la refondation politique, les changements politiques intervenus en Côte d'Ivoire. Rétroaction négative car les actions de la France sont une réponse aux mouvements sociaux qui mettent fin au système houphouëtiste.

La seconde question est d'ordre plus épistémologique et détermine l'intérêt de la recherche : est-il possible de montrer qu'une puissance étrangère, la France, dominante en Côte d'Ivoire, utilise le conflit comme mécanisme de régulation de la société ivoirienne dans l'objectif de préserver ses intérêts ? Cet objectif devra être bien argumenté. Il est le cœur de la proposition de recherche. Quels sont les intérêts de la France en Côte d'Ivoire ? Sont-ils sont d'ordre économique, politique ? Comment les identifier de manière objective ? Est-ce possible de les identifier clairement et d'en faire part d'une manière pertinente ? Il faudra faire appel à des faits permettant de bien saisir cette logique de l'action française en Côte d'Ivoire. Essayons de voir à quoi peut ressembler l'argumentaire[26].

THÈSE (PROPOSITION DE RECHERCHE)
Comment analyser la crise en Côte d'Ivoire en tenant compte des changements sociaux qui s'y produisent

ST_1 Le système houphouëtiste	ST_2 La guerre
Qu'est-ce que le système houphouëtiste ?	Comment expliquer l'intervention de la France
$A_{1.1}$ un mode de régulation	$A_{2.1}$ sa justification
$A_{1.2}$ la crise du système houphouëtiste crise socioéconomique crise sociopolitique crise de la régulation coup d'État militaire	$A_{2.2}$ la guerre comme rétroaction négative
$A_{1.3}$ La refondation rupture avec le système houphouëtiste le coup d'État manqué	$A_{2.3}$ les accords de Marcoussis
	$A_{2.4}$ les difficultés des accords

---

26. Nous suivons dans ses grandes lignes, en laissant de côté certains arguments et sous-thèses, l'argumentaire de Adolphe Blé Kessé, *op. cit.* Il s'agit d'un excellent exemple de proposition de recherche.

Les raisonnements font appel à des faits, des dates, des lieux, des traités ; ils utilisent aussi des discussions très précises sur le système houphouëtiste, la période de transition, les Accords de Marcoussis, etc., que l'auteur explique, analyse. Il cherche avant tout à faire comprendre. L'ensemble s'organise de la manière suivante : le système houphouëtiste gouverne le pays et l'auteur cherche à montrer qu'il tire à sa fin. Il le fait : 1) En observant les nombreuses crises qu'il n'arrive pas à régler. 2) En montrant que celles-ci conduisent à un coup d'État militaire bien accueilli par la population. Ce dernier conduit à la politique de refondation, une période de rupture politique proposant de nouvelles institutions politiques pour la Côte d'Ivoire. Un tel changement n'est pas sans avoir une incidence négative pour la France. Incidence que l'auteur observe : 1) Par une tentative de coup d'État contre le gouvernement Gbagbo. 2) Par le déclenchement de la guerre « interne » ; les rebelles s'opposant au Président contrôlant une partie du nord du pays. 3) Par l'intervention militaire française en Côte d'Ivoire. 4) Il analyse ensuite la manière dont la guerre est utilisée comme mécanisme de régulation politique de la Côte d'Ivoire.

Il s'agit de montrer le lien qui unit ces différentes parties de la structure argumentative, les liens de « probabilité » ou de vraisemblance assez convaincants pour qu'on puisse accepter la Thèse « Le conflit ivoirien est un mécanisme militaire et politique de régulation de l'houphouëtisme destiné à contrôler la refondation, en vue d'assurer la reproduction du système de dépendance structurelle de la Côte d'Ivoire de la France[27]. » L'auteur vise à l'aide des raisonnements pour chaque sous-thèse à élaborer une preuve qui permet de mieux comprendre ce qui s'est passé et de rendre plausible, crédible ou vraisemblable la proposition de recherche, la compréhension qu'il nous propose.

Avec ces deux exemples, on espère avoir mis en évidence les premiers éléments du raisonnement, d'avoir montré avec quels faits il faudra compter pour bien argumenter sa thèse. On souhaite qu'on comprenne mieux où doivent s'établir les liens de nécessité pour argumenter solidement son hypothèse ou sa proposition de recherche.

---

27. *Ibid.*, p. 30.

Une question se pose d'emblée : combien d'arguments faut-il avoir pour établir une preuve solide ? Il existe toujours une multiplicité et une diversité de faits[28]. La chose est encore plus vraie si on traite de la société ou de politique. Il y en a tellement qu'il serait pratiquement impossible de ne pas en trouver un ou même plusieurs qui soutiennent notre hypothèse ou notre proposition de recherche. Si c'est le cas, il faut alors se demander : faut-il prendre tous les faits ? La réponse est évidemment négative. Alors quels sont ceux que nous devons retenir ?

Il faut garder les faits pertinents. La réponse est trop sibylline pour être complète. Qu'est-ce qu'un fait pertinent ? Qui décide qu'un fait est pertinent ? La difficulté de répondre à une telle question tient à deux choses : la multitude et la diversité des faits impliquent qu'il puisse en exister plusieurs qui soient pertinents par rapport à notre hypothèse ou notre proposition de recherche. Mais ce ne peut être là une raison valable ni même un critère pour décider des faits pertinents. La pertinence d'un fait dépend du cadre référentiel adopté ou de la théorie qui a présidé à la formulation de l'hypothèse ou de la proposition de recherche[29]. Cependant, une telle réponse ne résout rien car la théorie oriente la recherche vers certains faits qui rendront l'hypothèse ou la proposition de recherche vraisemblable au prix de tous les autres qui la contrediront. De plus, peu de modèles en sciences sociales exposent leur théorie des faits sociaux pertinents. On ne sait jamais pourquoi tel fait est choisi et non tel autre. Que faire si l'on veut éviter cette situation ? Une chose est certaine : pour qui veut traiter de la crise en Côte d'Ivoire en soutenant que la France cherche à maintenir et à sauvegarder sa domination politique et économique sur ce pays, les faits sociaux pertinents à retenir concernent :

1. Le système houphouëtiste et sa signification : Quelle place occupe-t-il dans la société ivoirienne ? Quel mode de régulation sociale autorise-t-il ? Quels sont les intérêts économiques, politiques qui l'organisent et le structurent ?

---

28. Dans toute société, il existe des faits historicisés, des données considérées comme des faits par des institutions reconnues : instituts de recherche, agences gouvernementales, universités, médias, disciplines scientifiques, ministères, etc.
29. Il existe une logique de la pertinence ; celle-ci consiste à établir dans le cadre d'un raisonnement de type Si A alors B est vrai seulement si A est connecté à B par quelque chose de commun et que ce « quelque chose de commun » est en même temps nécessaire. Dans le cas d'une proposition de recherche, ce point commun et nécessaire, critère de pertinence, est plus difficile à établir.

2. La guerre « interne » et sa signification : Comment expliquer cette guerre « interne » ? En quoi est-elle liée aux intérêts économiques et politiques de la France et non à ceux des groupes sociaux de la société ivoirienne ?

3. Les liens que l'on peut établir, qui doivent avoir une certaine part de nécessité, entre la signification du système houphouëtiste que l'on a établie et celle de la guerre « interne » que l'on a proposée.

C'est donc dire qu'argumenter ne se limite pas seulement à l'exposition de faits ou d'une suite de données. Il n'est même pas certain que le nombre (quantité) de faits présentés ait une quelconque importance quant à la valeur de l'argumentation. Il faut respecter un ordre hiérarchique dans l'exposé des arguments. Il est indispensable que les faits ayant un lien de nécessité fort avec la Thèse soient d'abord présentés. Ceux dont le lien est plus faible suivront jusqu'au point d'ignorer les plus faibles. En effet, il faut présenter les faits qui permettent d'établir le bien-fondé ou non de notre hypothèse ou proposition de recherche dans un raisonnement. Les raisonnements sont eux-mêmes organisés en une preuve.

Est-ce là l'essentiel de la preuve ? La réponse à cette question est négative. Nous avons dit plus haut que la preuve comporte une dimension rhétorique. Une fois établie, encore faut-il être en mesure de la faire accepter. Or les arguments, contrairement à ce que l'on croit généralement, ne suffisent pas. Il faut faire appel à la rhétorique.

CHAPITRE

ÉCRIRE POUR CONVAINCRE
La rhétorique de l'écriture

> *En effet, quand mon adversaire réfute ma preuve et que cela équivaut à réfuter mon affirmation elle-même, qui peut cependant être étayée par d'autres preuves – auquel cas, bien entendu, le rapport est inversé en ce qui concerne mon adversaire – il a raison bien qu'il ait objectivement tort. Donc, la vérité objective d'une proposition et la validité de celle-ci au plan de l'approbation des opposants et des auditeurs sont deux choses bien distinctes.*
>
> A. Schopenhauer

Pour certains, argumenter et persuader sont deux choses très distinctes. Elles appartiennent à des univers qui, quelquefois, peuvent s'entrecroiser, relèvent de situation de communication très dissemblables. L'argumentation est essentielle à la démarche scientifique ; les Thèses doivent être soutenues avec rigueur et cohérence. La rhétorique appartient à la communication dialogique[1]. Elle relève de l'échange entre deux ou, même si la chose paraît incongrue, plusieurs personnes. Pourtant, on comprend intuitivement qu'il ne suffit pas, même en science, d'avoir

---

1. Le terme *dialogique* vient de dialogue qui signifie, selon sa racine grecque, *dia*, « de l'un à l'autre », et *logos*, « discours », discours entre deux interlocuteurs. Cette définition est tirée de Michel Blay (dir.), *Dictionnaire des concepts philosophiques*, Paris, Larousse, CNRS Éditions, [2007], p. 214.

un argumentaire solide, d'élaborer une preuve étoffée pour convaincre. La preuve, ensemble structuré et organisé des raisonnements, doit persuader. Ce serait une erreur aussi de considérer la rhétorique comme relevant seulement de procédés littéraires. On la définit comme l'art de plaire ou de persuader; elle est aussi l'art de réduire, selon la belle définition empruntée à Michel Meyer, la distance sociale[2]. Voyons quelle place elle occupe dans la structure argumentative.

Nous avons parlé plus haut de l'opposant. Le temps est venu d'exposer son rôle dans la mesure où le proposant s'adresse à un opposant. L'opposant est un sujet imaginé. Voyons en quel sens. Dans le cadre d'une recherche à la maîtrise ou au doctorat, on peut dire que les membres du jury représentent un opposant concret, mais imaginé[3]. Ils représentent la communauté scientifique; ils ont la tâche de juger de la valeur de la Thèse et de l'argumentaire[4], de dire si elle répond aux exigences et aux critères d'un travail scientifique. L'opposant est là pour évaluer d'abord l'argumentaire et les différents raisonnements qui le composent. Il peut contester les arguments soit parce que le lien avec la Thèse n'est pas assez fort soit parce qu'il ne les juge pas pertinents. Dans ce dernier cas de figure, la critique est méthodologique; elle ne porte pas sur l'argumentation. Il peut aussi récuser les exemples qui les illustrent. Il arrive qu'il s'attaque à la Thèse elle-même parce qu'elle est mal formulée ou qu'elle n'est pas une réponse pertinente à la question spécifique de recherche. Elle peut être trop vague; elle peut être normative ou prescriptive, c'est-à-dire difficile à démontrer et à argumen-

---

2. Michel Meyer, *op. cit.*
3. Au moment de la rédaction, on ne connaît pas encore la composition de notre jury même si on peut en avoir l'idée. On sait pourtant qu'on devra se soumettre à une évaluation par un jury de pairs. Son absence/présence plane toujours sur le candidat.
4. Il arrive malheureusement trop souvent que les mémoires de maîtrise et les thèses de doctorat soient jugés sur d'autres critères; il y a en effet de nombreuses évaluations de nature idéologique, politique ou personnelle. Lorsqu'il y a une défense, une soutenance de thèse, l'impétrant peut se défendre et rappeler qu'il a à être jugé sur ce qu'il a écrit, sur sa démarche et beaucoup moins sur le contenu. Pourquoi le contenu a-t-il une importance moindre dans l'évaluation? L'explication est simple. Le contenu relève du cadre théorique, de sa capacité à donner une signification à tel ou tel phénomène. Intervenir sur le contenu, c'est souvent refuser le cadre théorique de départ. On ne peut jamais refuser le cadre, les choix théoriques, à moins de pouvoir montrer ou son incohérence, sa faiblesse ou sa non-pertinence dans l'étude d'un objet. Dans le cas contraire, on aura appris que la recherche scientifique n'a pas d'autres règles que celles des individus qui composent la communauté scientifique.

ter. Il n'est pas seulement celui qui évalue, commente ou critique une recherche. L'opposant peut être un procédé intéressant qui peut nous aider à régler ces problèmes[5].

La recherche est en partie argumentée en fonction d'un opposant imaginaire. Ce n'est pas comme dans le cas d'un membre d'un jury une personne réelle. L'opposant est un double de soi, un lecteur inventé avec qui j'entre en dialogue. On anticipe la réception de ce que l'on va écrire. Ce lecteur imaginé, on le souhaite exigeant. On veut qu'il formule des objections, repère les contradictions éventuelles, soulève des objections, corrige notre manière d'écrire ou de formuler, etc. L'opposant est toujours là, derrière, à surveiller ce que l'on écrit, comment on argumente. Ce faisant, il nous aide à préciser notre pensée, à étoffer nos raisonnements, à clarifier notre propos. Le proposant anticipe les réactions, prévoit les objections, les remarques qu'on pourra lui faire sur sa Thèse et sa manière de la défendre. Une solide revue de la documentation devrait aider le proposant à anticiper les objections, les critiques ou les attaques. Il sait qu'il défend une position que d'autres contestent avec des arguments qu'il connaît bien. En connaissant les différentes positions défendues lors des débats qui touchent son sujet, il peut prévoir les remarques, les commentaires ou les critiques qu'on pourrait éventuellement lui adresser. Il faut aussi être en mesure d'en anticiper d'autres, mais on doit se limiter aux principales et aux plus importantes. Il n'est pas nécessaire d'essayer de tout prévoir ou de tout anticiper. De toute manière, c'est impossible et contre-productif.

Ce dialogue du proposant et de l'opposant relève de la rhétorique. Il n'est pas aussi simple qu'il n'y paraît. Marc Angenot le montre dans son ouvrage *Dialogue de sourds*, où, dit-il, peu importe les arguments et même leur valeur, il semble qu'on n'arrive pas à se convaincre[6]. Ce serait un trop long débat que de répondre à Angenot; soulignons pour le moment qu'il montre avec beaucoup de brio les difficultés de convaincre à l'aide de raisonnements.

---

5. Il est important de souligner que c'est le rôle du directeur de recherche de veiller à ce que la Thèse soit bien formulée. Encore faut-il que le chercheur ait précisé à son directeur ses attentes. Une attaque à ce niveau met en cause l'ensemble du travail de recherche.
6. Marc Angenot, *op. cit.*

L'évaluation des membres du jury se trouve à la dernière étape, alors que le travail de l'opposant s'effectue tout au long du parcours de la recherche. On ne cesse jamais de se demander : ma démarche est-elle cohérente, rigoureuse ? Mon argumentaire est-il solidement structuré, mes raisonnements reposent-ils sur de bons arguments ? Mes exemples sont-ils appropriés ? La preuve est-elle solide ? Comment répondre adéquatement à ces questions ?

La rhétorique est indispensable au travail de rédaction que l'on fait à la maîtrise ou au doctorat puisqu'elle concerne aussi l'argumentaire. À ce sujet, on recommande à chaque chapitre d'en faire le plan argumentaire. Il permettra de mieux structurer et déployer notre argumentation, tout en gardant à l'esprit lors de son élaboration le questionnement suivant : Quel est mon but dans ce chapitre ? À quelle(s) question(s) je cherche à répondre ? Puis-je les formuler clairement ? Y a-t-il entre ces questions un lien de nécessité ? Avec quels arguments, je veux défendre la réponse à ces questions ? Une fois le plan construit, évaluez-le avec recul comme si vous étiez un lecteur extérieur ou un opposant. Le plan devient alors un outil qui permet de visualiser votre démarche, d'en voir la cohérence interne, d'évaluer les liens logiques entre vos arguments et la question à laquelle vous cherchez à répondre. Il est plus facile d'argumenter une réponse à une question (sous-thèse) liée à la Thèse que d'essayer de toujours élaborer ses raisonnements en fonction de la Thèse principale. Enfin, et ce n'est pas la moindre de ses qualités, l'opposant facilite la rédaction de votre mémoire de maîtrise ou de votre thèse de doctorat.

Il sera alors possible de construire le plan de l'argumentaire. D'abord, formuler la Thèse T (hypothèse). Ensuite, il faut traduire cette thèse principale ou générale en sous-thèses ST sous forme de questions auxquelles il faut répondre pour soutenir ou défendre la Thèse. Les raisonnements s'organiseront en fonction des sous-thèses, des réponses à donner à ces questions. On propose deux ou trois sous-thèses, dont le lien avec la Thèse est évident ; elles découlent ou procèdent directement d'elle. Autrement dit, les sous-thèses représentent les questions auxquelles il faut répondre pour soutenir la Thèse. Ces questions déterminent les faits qui seront nécessaires au raisonnement. Pour chaque sous-thèse, on établit le raisonnement, les arguments A et les exemples E. On peut raisonner avec des arguments mais aussi avec des objections (obj.) et des réfutations d'objection (Robj.).

Schématisé, le plan d'un argumentaire se présente de la manière suivante :

Structure d'un argumentaire complet

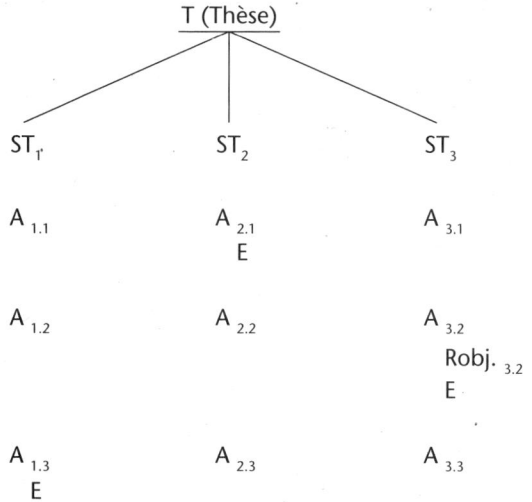

Représentations théoriques

Cet exemple est fictif. Il peut y avoir plus ou moins de sous-thèses et plus de deux arguments par sous-thèse. Les objections et les réfutations d'objections peuvent être utilisées davantage que ne le montre notre schéma. Chaque sous-thèse peut être considérée comme un chapitre de notre mémoire de maîtrise ou de notre thèse de doctorat.

Le travail de l'opposant est relativement simple à comprendre. Il est plus difficile de saisir comment il s'inscrit dans la structure argumentaire. C'est ici que la rhétorique entre en jeu. Il existe une multitude et une diversité de procédés rhétoriques. Certains d'entre eux relèvent de procédés littéraires ; d'autres, par contre, peuvent être utiles dans l'organisation de notre argumentaire. Leur énumération serait fastidieuse et sans intérêt pour ce qui nous importe[7]. Nous allons traiter de ceux qui nous paraissent davantage liés à l'argumentaire. Nous les avons divisés en deux ; les premiers, plus directs, comme la prolepse,

---

7. Sur ce sujet, on lira avec intérêt les ouvrages d'Olivier Reboul, *Introduction à la rhétorique*, Paris, Presses universitaires de France, [1998], et de Bertrand Buffon, *op. cit.*

aide immédiatement à la construction des raisonnements. Les autres, moins évidents, font appel à des procédés logiques (argumentation par l'absurde, argument par relation fonctionnelle) ou littéraires (analogie, exemples, modèles) qui participent à la construction d'un raisonnement étoffé. Auparavant, un mot sur le genre de preuve que l'on exige en sciences sociales.

4.1. Les types de preuve[8]

Il y a en rhétorique quatre grands types de preuve. La preuve *extrinsèque* (*atechnoi*) est celle qui se trouve dans les faits eux-mêmes; elle est extérieure à l'orateur. On pense au témoignage, aux lois, à ce que dit explicitement un texte. Les preuves extrinsèques sont particulièrement recherchées; elles semblent objectives. Le témoin présent sur les lieux du crime, le message explicite d'un texte, ce qu'autorise ou non la loi, etc., apparaissent comme des preuves très solides, voire objective. Sans provoquer un débat, qui n'a pas sa place ici, il faut comprendre que la définition de la preuve extrinsèque soulève quelques difficultés. Existe-t-il vraiment des preuves extrinsèques? Le témoin est-il toujours crédible? Le sens latent d'un texte n'est-il pas aussi important que le manifeste? Plusieurs le croient. Comment déterminer s'il est latent? La question se pose dès lors que nous avons dit qu'il n'existe de faits que par signification. Nous verrons un peu plus loin quel usage on fait de la preuve *extrinsèque*.

La preuve *intrinsèque* est complètement construite par le proposant. Elle fait appel à son talent et à sa créativité. Elle est synonyme de l'argumentaire et se compose comme lui de plusieurs raisonnements. Le proposant peut faire appel à de nombreux procédés jouant à la fois du *pathos*, du *logos* et de l'*ethos* pour persuader l'opposant d'adhérer à son propos[9]. C'est le talent d'un bon orateur, d'un bon débatteur, que de faire appel dans ses raisonnements, selon son auditoire, à des

---

8. Nous suivons dans les prochaines lignes l'ouvrage de Bertrand Buffon, *op. cit.* La prudence s'impose dans l'usage qui est fait ici du terme *preuve*: on peut avoir l'impression qu'il est synonyme d'arguments. Ce n'est pas le cas. Nous remercions Sophie Gélinas pour l'excellente synthèse de tous les procédés rhétoriques présentés dans l'ouvrage de Buffon. Ce document nous a été d'une très grande utilité.
9. On trouvera dans Chaïm Perelman et L. Olbrecht-Tythica, *Traité de l'argumentation. La nouvelle rhétorique*, Bruxelles, Éditions de l'Université de Bruxelles, 1988, la mise en œuvre de ces différents genres.

valeurs communes, des désirs et des émotions qu'il veut faire partager, *pathos*, ou d'asseoir sa crédibilité et son autorité, *ethos*. C'est sa capacité à bien doser chacun de ces genres qui donne sa force de persuasion à la preuve intrinsèque.

Le *syllogisme*, dont a abondamment parlé au chapitre 2, est le type de la preuve par excellence. En effet, en faisant accepter les prémisses, le raisonnement se complète logiquement à la conclusion. C'est le plus difficile à réfuter parce qu'il possède la force du raisonnement formel. La preuve est puissante dans sa forme (syntaxique) et dans son contenu (sémantique). Évidemment, si les prémisses ne sont pas partagées, la conclusion ne tiendra pas longtemps.

Il y a quelques pièges à éviter parmi lesquels les sophismes. Le sophisme est un raisonnement qui, au plan formel, respecte les règles logiques du syllogisme mais dont la conclusion est fausse. Par exemple : « Le Québec n'est pas une société intolérante ; il suffit de regarder ce qui se passe dans d'autres sociétés comme les États-Unis pour le constater. » Le Québec n'est pas une société intolérante parce que les États-Unis sont plus intolérants. L'argument ne tient pas et on saisit rapidement pourquoi. S'il vise à tromper volontairement ou involontairement, on dira alors qu'il s'agit d'un paralogisme. Les sophismes et les paralogismes, sont souvent utilisés dans l'*éristique*, qui, nous le rappelons, est l'art d'argumenter pour gagner les débats et dominer son adversaire[10]. Le mémoire de maîtrise ou la thèse de doctorat n'a pas cet objectif ; ce n'est pas une joute oratoire. Il n'y a rien à gagner ou à perdre à ce niveau.

Enfin, l'*enthymème* est un syllogisme dont les prémisses et la conclusion sont seulement probables. La preuve est plus vulnérable, mais c'est celle qui est la plus fréquente en sciences sociales où il est difficile de trouver des prémisses qui soient acceptables ou partagées par tous. On peut prétendre, par exemple, que le système international se caractérise par un état d'anarchie, mais cette prémisse est très fragile. Elle repose uniquement sur un raisonnement qui procède négativement : s'il n'y a pas de société ou d'État capable d'imposer sa force, le résultat ou la condition qui précède l'état de société est obligatoirement une situation d'anarchie et de chaos où règne en maître la violence

---

10. Voir Arthur Schopenhauer, *L'art d'avoir toujours raison, ou dialectique éristique*, Belfort, Circé, 1999, qui expose plusieurs procédés pour gagner les débats.

arbitraire. Rien n'est moins certain tout simplement parce qu'on ne le sait pas. Ce n'est qu'une déduction, certes plausible sans être la seule, qui ne possède aucun fondement empirique malgré ce que l'on peut prétendre. On peut penser au contraire que les individus avant l'état de société collaboraient ensemble, que chacun cherchait le secours des autres sans lequel il ne pouvait survivre. Il y a autant d'arguments favorables que défavorables à cette conclusion. Elle est loin d'être partagée par tous. Sans parler de l'utilisation de termes comme indétermination, chaos qui reçoivent un sens singulier qui en font des prémisses qu'il est difficile de contester.

L'argumentaire est un système complexe qui fait appel, selon les besoins, à ces différents types de preuve. Cela dit, dans le cadre du mémoire de maîtrise ou d'une thèse de doctorat en sciences sociales, on utilise surtout les preuves intrinsèques et les enthymèmes[11]. Concernant les preuves extrinsèques, elles ne sont pas aussi objectives qu'elles paraissent. Elles sont toujours sujettes à interprétation. Il est pratiquement impossible de savoir ce que dit véritablement un texte, de s'assurer entièrement de l'authenticité d'un témoignage, de la vérité d'un fait. L'intention d'un texte dépend de l'interprétation qu'on en donne. Il y en a autant qu'il y a de lecteurs différents. Ce ne sont que des interprétations[12].

Les syllogismes ne sont pas complètement absents des raisonnements en sciences sociales. Il est possible d'en avoir malgré le niveau de formalisation faible des théories en sciences sociales. Lorsqu'il y en a, les raisonnements restent souvent formels, sans lien – direct ou empirique – avec la réalité étudiée. Il n'y a pas à le déplorer ou à chercher à mieux fonder nos raisonnements. Les Thèses en sciences sociales appartiennent à la logique de la preuve et non de la vérité. Il faut les

---

11. Cela ne veut pas dire qu'on ne fasse pas appel quand c'est possible à des preuves extrinsèques et aux syllogismes. Les théories en sciences sociales, à quelques exceptions près (économétrie, psychométrie) ne sont pas des systèmes formels. Il est difficile de les soumettre strictement aux principes de la logique. L'existence est un phénomène fort complexe. Voir Lawrence Olivier, *Détruire. La logique de l'existence*, Montréal, Liber, 2008.
12. Toutes les interprétations sont-elles aussi valables les unes que les autres ? Cette question fait l'objet de débats dont on ne peut faire état ici. Disons simplement que nous répondrions par l'affirmative à celle-ci.

argumenter. Il est difficile de faire plus ou mieux avec la nature des objets qu'on traite. C'est ce qui peut aussi justifier ou expliquer l'usage de la rhétorique.

4.2. Les procédés rhétoriques

Il existe une multitude de procédés rhétoriques. Bertrand Buffon en fait un inventaire assez complet dans son ouvrage *La parole persuasive*[13]. On en trouve un autre très complet chez Olivier Reboul dans son *Introduction à la rhétorique*[14]. Nous n'allons pas faire état de tous ces procédés ; nous n'identifierons que ceux, les plus intéressants et les plus pertinents, capables de donner à un argumentaire une force de persuasion plus grande. La prudence s'impose avant de commencer ; si les procédés rhétoriques visent à persuader, il est possible d'en faire un usage inapproprié.

On le sait, la rhétorique a été l'arme des dictateurs, des usurpateurs, des politiciens et des militants, de tous ceux en somme qui cherchent à manipuler ou à berner les populations, les peuples ou les individus. Ce n'est pas de cette façon qu'on veut l'utiliser. Il ne s'agira jamais de proposer un procédé pour faire accepter un argument ou un raisonnement faible ou mauvais. Un mauvais argument restera mauvais peu importe la manière dont on l'habille ; mais, bien couvert, il sera plus difficile à percer. Au contraire, les procédés rhétoriques aideront à étoffer les raisonnements.

4.2.1. La prolepse

Nous en avons déjà parlé sans vraiment le nommer. La *prolepse* consiste à faire une objection à son propre raisonnement[15]. C'est certainement le procédé le plus efficace pour étoffer son argumentaire. La *prolepse* est une anticipation ; en construisant notre raisonnement, on prévient l'objection que l'on pourrait nous opposer. Elle a au moins deux fonctions pour le proposant : elle l'oblige à revoir et repenser son raisonnement

---

13. Bertrand Buffon, *op. cit.*
14. Olivier Reboul, *op. cit.*
15. Olivier Reboul définit la prolepse comme le procédé qui «[...] devance l'argument (réel ou fictif) de l'adversaire pour le retourner contre lui» (*op. cit.*, p. 141).

pour voir s'il est capable de surmonter l'objection. Elle permet d'étoffer son raisonnement en voyant ses failles ou ses faiblesses. La *prolepse* fonctionne en général *in absentia*, c'est-à-dire que je ne suis pas obligé de l'énoncer clairement dans le raisonnement.

L'objection est une idée abstraite faite par un opposant imaginaire. Cela dit, elle peut être utilisée à titre de procédé rhétorique comme un élément important du raisonnement. J'énonce l'objection qu'on pourrait faire au raisonnement que je construis. Nous l'avons vu au chapitre 3. En l'énonçant, je peux parer l'objection dans mon raisonnement. Il y a une autre variante de la *prolepse*. Il est aussi possible d'énoncer et puis de réfuter l'objection. Ce procédé rhétorique est très habile. Je démontre que je connais les objections importantes qu'on peut me faire et que je suis en mesure de les réfuter par de nouveaux arguments qui militent en faveur de la Thèse que je soutiens. Non seulement je connais les objections qu'on peut me faire, mais je les réfute immédiatement. J'offre par la même occasion de nouveaux arguments pour défendre ma Thèse. Ce faisant, je renforce la Thèse ou la sous-thèse du chapitre ou de la partie que j'argumente. À titre d'exemple : « Certains pourraient s'objecter, s'agissant de la paradiplomatie identitaire, qu'elle représente un concept qui n'ajoute pour ainsi dire rien de nouveau aux potentialités que recèle déjà la doctrine Gérin-Lajoie[16]. »

On voit nettement dans cet exemple la référence à un opposant – « [c]ertains pourraient s'objecter » – qui n'est pas spécifié. Cela dit, cette prolepse repose sur une connaissance approfondie de la littérature et des débats sur la paradiplomatie.

Il existe d'autres façons de réfuter une objection. On peut procéder en utilisant le raisonnement par l'absurde. Cette fois-ci, il faut démontrer que l'objection est absurde et qu'il faut retenir la Thèse que l'on propose. Le procédé est relativement simple. Il

> [...] consiste à prendre pour hypothèse une thèse divergente de celle que l'on soutient et à montrer que les conséquences auxquelles elle conduit sont absurdes, c'est-à-dire incompatibles avec ce que présuppose la thèse posée au départ, ou dénudées de sens, voire impossibles[17].

---

16. Jean-François Payette, *op. cit.*, p. 83.
17. Bertrand Buffon, *op. cit.*, p. 165.

Ce procédé doit être utilisé judicieusement; l'hypothèse réfutée doit avoir un lien avec notre Thèse et surtout il faut absolument éviter la caricature. C'est toujours facile de simplifier ou d'exagérer à outrance une Thèse opposée pour ensuite la réfuter. Par exemple, dire: le relativisme affirme que tout se vaut (hypothèse adverse) alors, sur la base de cet énoncé, il n'y aurait aucun problème à traiter un être humain comme une chose ou un objet et à prétendre que le relativisme conduit à des formes destructrices de nihilisme. C'est une simplification exagérée du relativisme car la conséquence, malgré ce qu'on peut en dire, n'est pas une conclusion logiquement nécessaire de la prémisse. C'est un bel exemple de paralogisme.

On pourrait aussi montrer qu'une objection à notre Thèse se réfute elle-même, par exemple dire: «La science est un discours normatif qui sert les intérêts des plus puissants.» L'objection est relativement facile, on peut questionner la valeur d'un tel énoncé car il repose lui-même sur la défense d'intérêts normatifs dont on peut questionner le bien-fondé surtout qu'il ne prétend aucunement échapper au jugement normatif. Il faut qu'il affirme la supériorité de certaines valeurs sur d'autres. Cela ne pose pas en soi de problème si ce n'est son incapacité à fonder ultimement cette supériorité. Il est difficile de faire autrement car il n'existe aucun fondement définitif pour les valeurs. Le piège est inévitable.

Si la *prolepse* est le procédé le plus utile, ce n'est pas le seul. Cette fois nous aborderons quelques procédés rhétoriques dont il faut se méfier. On les utilise sans toujours s'en rendre compte et/ou dans une volonté de manipuler. Un raisonnement, avons-nous répété à maintes reprises, repose sur des liens de nécessité entre la Thèse et les arguments et entre les arguments. Il y a un certain nombre de difficultés qu'il faut savoir prévenir: les relations quasi-logiques. Il y en a trois que nous voulons souligner plus particulièrement: la *contradiction*, le *renversement*, l'*autodestruction*.

Il peut paraître étrange de parler de contradiction à propos d'un raisonnement. Il arrive plus souvent qu'on ne le pense qu'une telle chose se produise. Est-il possible par exemple d'affirmer que tel auteur est un postmoderne différent des autres postmodernes sans posséder les caractéristiques de ce mode de penser? Comment être une chose sans l'être? Par définition s'il est différent, il n'est pas postmoderne puisque l'être c'est rassembler sous une même unité ce qui est semblable. Comment lever cette contradiction? Il faudrait bien expliquer en quoi il l'est et en quoi il diffère tout en étant postmoderne. Pourquoi l'associer à ce mode de penser ? Il y a peut-être à cela de multiples raisons, mais aucune ne semble pertinente et rigoureuse. Ce type d'explication devient rapidement sans intérêt. Plus généralement, pour éviter les contradictions, le plan argumentatif est un outil inestimable. Le recul qu'il permet sur le raisonnement devrait suffire à lever les contradictions les plus apparentes. Faites lire votre texte par une autre personne, votre directeur par exemple, en lui demandant s'il ne voit pas de contradiction dans votre raisonnement. Il n'est pas obligatoire que ce lecteur soit un spécialiste de la question. On veut seulement que la personne sollicitée identifie de possibles contradictions.

Le *renversement*. Il nous arrive de formuler des énoncés sans se rendre compte que ces conséquences peuvent s'appliquer à notre raisonnement. Le cas le plus flagrant est certainement celui d'un individu qui, en politique, affirme que tout gouvernement est corrompu et quelques mois plus tard il est élu au gouvernement. Si tout gouvernement est corrompu, pourquoi le sien ne le serait-il pas ? N'a-t-il pas été le premier à le dire ? À dénoncer les autres, on risque de subir le même traitement. Ce n'est pas grave de se faire critiquer, c'est plus gênant de se faire servir sa propre médecine. Il ne peut s'en tirer qu'à l'aide de paralogismes ou de sophismes. Son argumentaire et ses raisonnements deviennent, par le fait même, plus faibles et moins pertinents. Son pouvoir de persuasion est amoindri.

L'*autodestruction*. Il faut être très prudent lorsqu'on s'attaque à des théories ou à des systèmes théoriques. La critique ou la remise en cause semble souvent facile. Toute critique doit s'assurer que ses propres fondements sont solides. À défaut de quoi la critique se retourne contre soi. Critiquer le constructivisme en affirmant qu'il n'y a pas que des discours soulève le problème de sa propre formulation. Mon propos est lui-même énoncé dans un discours. Dire que l'état d'anarchie n'existe pas soulève la question de ce qui existe alors et de la réalité de cette réalité. Cette question de la réalité de la réalité est d'ordre philosophique et épistémologique ; elle fonde les mises en cause des constructivistes. Elle relève de la question des fondements. Il est très difficile d'éviter la question des fondements et de l'impossibilité d'établir ultimement toute proposition. On peut le faire de deux façons. Soit on refuse d'aborder cette question et le problème persiste. L'ignorer ne change rien à l'impossibilité de fonder. Soit, au contraire, on l'accepte et alors il faut admettre notre impuissance et ses conséquences, ce qui est plus rare.

Dans ce cas, pour la majorité des théories en sciences sociales, on traitera l'état d'anarchie comme un postulat, c'est-à-dire une proposition considérée comme un principe de déduction. Soit on l'admet et alors on peut à partir d'elle déduire un certain nombre de conséquences, par exemple, dire qu'avant l'état de société, il y avait un état de nature anarchique est un postulat à partir duquel on peut tirer de nombreuses conséquences : état de guerre et de conflits, menace de mort, désordre, nécessité d'un État capable d'imposer un ordre, etc. Soit on le refuse alors la suite du raisonnement ne tient plus ; s'il n'y a pas d'anarchie, il n'y a rien à dire sur la nécessité d'un État possesseur du monopole de la violence légitime. Ou, enfin, on accepte les conséquences – État de guerre de tous contre tous, violence, État imposant l'ordre – comme postulat et on essaie de construire avec tous ses postulats un raisonnement de nature théorique.

Dans le même ordre d'idée, il n'y a pas beaucoup d'intérêt à critiquer ou à réfuter un postulat. Ce n'est pas impossible car on n'adhère pas à ces conséquences. On peut alors le refuser et en proposer un autre, c'est-à-dire un autre principe de déduction plus conforme à nos croyances. Est-il possible de ne pas en avoir ? À cette difficile question, il existe dans la littérature de nombreux débats. Disons simplement qu'en science, la chose paraît impossible puisque les théories scientifiques sont en général des systèmes formels, fondés sur des principes déductifs.

Quelle leçon devons-nous retenir à la suite de ces exemples de contradiction, de renversement et d'autodestruction ? Il y en a au moins deux. À proprement parler, il s'agit surtout de formules, à l'occasion des mots d'esprit dont la visée est de frapper les esprits ; ce ne sont pas des arguments. Elles créent plus de problèmes qu'elle n'arrivent à convaincre. Il est très difficile d'argumenter ou même de persuader, et c'est la deuxième leçon, avec des slogans ou des formules politiques. Le mémoire de maîtrise ou la thèse de doctorat n'est pas le lieu pour ce type de littérature. Il vaut mieux les éviter.

4.3. Les procédés littéraires

Nous venons de parler de procédés rhétoriques qui peuvent nous aider à rendre notre argumentaire et les raisonnements qui le composent plus rigoureux. Il en existe beaucoup d'autres qui peuvent être utiles dans la rédaction du mémoire ou de la thèse. Nous en avons identifié deux types : les arguments fondés sur les relations de ressemblance et les figures de pensées. Nous l'avons déjà dit, il en existe de nombreux autres, mais il est impossible de tous les aborder.

Nous allons nous attarder aux trois figures suivantes : l'analogie, l'exemple et le modèle. L'analogie est certainement le type d'argument après le syllogisme le plus connu et le plus utilisé. Nous en avons parlé au chapitre 2, ajoutons ici quelques précisions. L'analogie est un raisonnement dont la forme est la suivante : deux choses égales à une même troisième sont égales entre elles. Il s'agit d'une similitude de structure. Il est important de rappeler qu'il s'agit d'une ressemblance de rapport. On entend en général par ressemblance ce qui est semblable par certains de ces attributs. Reprenons notre exemple d'analogie :

(A) Toute décision volontaire d'enlever la vie à un être humain est un meurtre.

(B) Or le meurtre est immoral.

(C) L'avortement est une décision volontaire d'enlever la vie à un être humain.

(D) Or l'avortement est un meurtre.

Chaïm Perelman propose d'appeler *thème* chacun de termes sur lesquels portent la conclusion (décision volontaire et avortement) et *phore* l'ensemble des termes qui servent à étayer la conclusion (meurtre et immoral)[18]. Le lien entre le *thème* et le *phore* doit être assez puissant pour faire en sorte que l'analogie soit convaincante même si le rapport entre les deux est toujours asymétrique. Ils appartiennent selon notre exemple à deux domaines différents, spirituel et juridique, selon les conditions d'une bonne analogie. Le raisonnement analogique dans sa forme est le suivant : A (la décision volontaire d'enlever la vie à un être humain est un meurtre) est à B (le meurtre est immoral) ce que C (l'avortement est une décision volontaire d'enlever la vie à un être humain) est à D (l'avortement est un meurtre).

L'argument (analogie) est pertinent et il autorise la production d'une nouvelle connaissance dont on ne peut douter de la valeur dans un raisonnement. Il y a cependant des conditions à l'utilisation de l'analogie car l'argument n'est pas sans danger. L'analogie est d'autant plus forte qu'elle se limite à des points particuliers ; décision d'enlever

---

18. Chaïm Perelman et L. Olbrechts-Tyteca, *op. cit.*, p. 500-501. Nous suivons dans les prochaines lignes les propos des auteurs sur l'analogie.

la vie et moralité dans notre exemple. Il importe aussi que la structure de comparaison force l'adhésion. Dans le cas contraire, on aura vite fait de considérer l'analogie comme oiseuse et non pertinente.

On suppose qu'il est plus facile de faire accepter une Thèse qui repose sur un argumentaire composé de plusieurs raisonnements plutôt que d'un seul. Le principe est valable à deux conditions : les raisonnements doivent avoir un lien nécessaire et pertinent par rapport à la Thèse. Il existe une limite au nombre de raisonnements possible sans la rendre vulnérable. Celle-ci représente un système solidement articulé. Dans tout système, il y a les parties solidaires, essentielles au maintien du système, et les autres, médiatrices, qui contribuent seulement à mieux faire comprendre le raisonnement. On pense immédiatement aux exemples qui ne sont pas à proprement dit des arguments. Mais un bon exemple accroît sensiblement la puissance d'un argument. Rien n'interdit de reprendre dans notre recherche l'exemple d'un auteur qui nous paraît particulièrement adéquat. C'est encore mieux si on arrive à en formuler un qui fait appel à un fait ou à une valeur partagé par ceux à qui l'on adresse la Thèse. Cela démontre une maîtrise du sujet et un bon exemple renforce considérablement l'argument et rend le raisonnement convaincant.

L'exemple est un excellent procédé rhétorique. Il consiste à illustrer un argument avec un cas particulier. Le cas particulier est l'amorce d'une possible généralisation[19]. Un bon exemple doit référer à un fait connu ou familier. Plus l'exemple est familier à l'opposant, plus son effet de persuasion sera grand. L'exemple a ceci de particulier qu'il repose sur une connaissance empirique et non théorique. Cela ne veut pas dire qu'on ne peut pas donner en exemple un fait théorique. Il faut seulement qu'il soit connu de l'opposant, qu'il appartienne au même univers culturel. Il ne faut jamais hésiter à utiliser un exemple.

L'argument du modèle est très près de celui de l'exemple. On pourrait presque dire qu'il s'agit d'une variante à ceci près qu'il implique une action. On fait peu usage de l'argument du modèle en sciences sociales. La raison est simple ; elles prétendent au statut de science et évitent pour cette raison d'argumenter avec ce qui semblera des prescriptions. On en trouve plusieurs en philosophie. S'il est juste de dire que le modèle

---

19. *Ibid.*, p. 471.

possède une finalité prescriptive, il n'en demeure pas moins qu'il peut s'avérer un procédé rhétorique efficace. On peut, en effet, utiliser le modèle pour prescrire ce qu'il est préférable de faire dans certaines situations. Exemple : faites comme le gouvernement des États-Unis et utilisez la force pour défendre vos intérêts et contre vos ennemis.

Il arrive aussi que le modèle sert d'antimodèle, de repoussoir ; voilà ce qu'il ne faut pas faire. Son usage est plus fréquent car l'impression de prescrire une chose à faire est plus diffuse. Exemple : ne faites pas comme ces parents qui forcent leurs enfants à faire du sport ou à étudier pour se glorifier.

S'il est pertinent d'utiliser des procédés rhétoriques pour nous aider à mieux argumenter une Thèse, il ne faut pas négliger le travail d'écriture. Sans prétendre élaborer longuement sur ce qui pourrait faire l'objet d'un ouvrage, quelques suggestions utiles pourront favoriser l'élaboration d'un meilleur système argumentatif.

4.4. Le plan[20]

Opérationaliser une structure argumentative, communément appelée un plan, peut faire sourciller bien des candidats à la maîtrises ou au doctorat... certains voient ce travail comme une surcharge de labeur inutile à la rédaction du travail scientifique. Bien que nombre de chercheurs édifient leur structure argumentative au fur et à mesure que s'élabore leur argumentation, voire qu'ils rédigent leur étude, cette méthode de travail sans plan peut entraîner des difficultés de rédaction, voire des risques d'embûches méthodologiques importants. Il n'est pas rare de rencontrer dans le travail scientifique des difficultés quant à la recherche d'une structure logique du déploiement du mémoire ou de la thèse, ou quant à l'intégration par le chercheur d'une ligne directrice cohérente et linéaire de l'étude, tout en risquant de sombrer dans une « [...] surcharge cognitive, c'est-à dire d'avoir à (A) chercher des idées, à (B) réfléchir à leur organisation, et [...] à (C) songer à intégrer sa pensée[21] », ses idées, en mots, en phrases, en « points », en sections,

---

20. Dans cette section, nous suivons, par moments, l'ouvrage de Bernard Meyer, *Maîtriser l'argumentation*, Paris, Armand Colin, 2002.
21. *Idem*, p. 57.

en chapitres, etc. Pour éviter de tels problèmes, la fonction d'un plan peut s'avérer un outil intéressant pour l'élaboration et la rédaction du mémoire de maîtrise ou de la thèse de doctorat.

Mais en quoi consiste substentielllement cette tâche? Il s'agit de faire un canevas dans lequel on organise, ordonne et structure les différentes idées et les différents éléments – idéalement de façon logique (ici un enchaînement des idées) – que nous croyons essentiels d'intégrer et de traiter dans notre étude. Le plan comportera donc un ensemble d'«idées» et d'«éléments» ayant un rapport direct avec l'objet détude, mais également donnera une certaine «organisation» et une certaine «structure» à l'étude, ordonnant les idées et les éléments dont nous envisageons le déploiement et l'exploration dans le mémoire ou la thèse. Cet ensemble de dispositions peut prendre différentes formes – selon la manière dont nous projetons d'examiner l'objet étudié. Par exemple, il est possible de dresser un plan chronologique en classant les différents éléments que nous avons l'intention de manipuler dans le mémoire ou la thèse selon une logique temporelle (disposition dans le temps croissant ou décroissant), ou encore par thème en organisant les idées selon leur nature et leur possible affinité didactique. L'utilisation d'un plan procurera donc une première organisation structurelle de l'étude et, du fait même, des arguments, tout en jouant minimalement le rôle de guide ou de tuteur au chercheur – celui-ci pouvant suivre une ligne directrice rigoureuse et même projeter le déploiement global du travail scientifique.

Il est possible de faire appel au plan dans la structure même du mémoire de maîtrise ou de la thèse de doctorat. Cette méthode, cette forme de rhétorique de l'écriture, consiste à annoncer et à identifier dans l'introduction de chaque chapitre les principaux axes traités, éléments et points importants de celui-ci en indiquant ses intentions et ses paramètres épistémologiques. Il est également possible de faire mention de ces arguments centraux ainsi que des concepts fondamentaux que l'on y retrouve (idéalement en les définissant succintement). Ce travail méthodologique permettera de plus facilement disposer les opposants à l'ensemble de la démonstration argumentative que l'on retrouve dans le chapitre, ainsi qu'à la compréhension de la démarche et du raisonnement de celui-ci, puisque nous leur en indiquons les points référentiels essentiels à observer.

Un « plan introductif » (plan en introduction de chapitre) peut permettre aux opposants de se rapporter plus facilement aux idées centrales du chapitre. Il peut aussi faciliter, cognitivement, les passages entre les arguments d'un même chapitre, voire entre les passages d'un chapitre à un autre. Enfin, un « plan introductif » peut favoriser la mémorisation des arguments, des idées, des éléments, etc., que l'on retrouve dans chacun des chapitres. La formalisation d'un « plan introductif » peut donc devenir un facteur de clarification, de compréhension, voire de persuasion, procurant ainsi une plus grande efficacité aux arguments[22]. Voici un exemple tiré du livre de Luc Bernier, *De Paris à Washington* :

> Dans ce chapitre, nous faisons état, dans un premier temps, de la façon dont les relations internationales du Québec ont été étudiées au cours des dernières années en soulignant tout d'abord que ce que fait le Québec serait sûrement moins négligé s'il n'agissait pas dans le cadre constitutionnel canadien actuel mais bien comme un État souverain. Dans un deuxième temps, nous décrivons les approches utilisées pour étudier ce qui se fait. Enfin, dans un troisième temps, nous présentons le modèle que nous comptons utiliser dans le présent ouvrage pour étudier la politique internationale du Québec. Nous proposons ce modèle parce que, comme nous le verrons dans ce chapitre, les approches privilégiées par la littérature traitant des relations internationales sont peu adaptées à l'étude de ce que fait un État non national comme le Québec[23].

Également, il est possible, pour donnner encore plus de force à cette méthode, en entrée en matière de ce « plan introductif », de faire un bref retour sur le chapitre précédent. Il s'agit de souligner et de faire ressortir le noyau central ainsi que ses points forts tout en faisant les liens avec les éléments du chapitre qui suit (tel que suggéré plus haut). Ce travail aura un effet pédagogique, voire rhétorique, intérressant puisqu'il mettra en relief les repères conceptuels et argumentatifs souhaités par le chercheur, attirant ainsi davantage l'attention des opposants sur les composantes voulues des chapitres en plus de faciliter la « rétention d'information » espérée par le candidat.

---

22. *Ibid.*, p. 58.
23. Luc Bernier, *De Paris à Washington*, Québec, Presses de l'Université du Québec, 1996, p. 9.

4.5. L'écriture[24]

Nous avons présenté fort peu de procédés rhétoriques ; le temps et l'espace manquent pour en aborder d'autres. Il faut maintenant parler de l'écriture du mémoire de maîtrise ou de la thèse de doctorat, de l'organisation du texte pour persuader. Nous allons proposer une démarche assez classique, mais facile à comprendre. Il y a d'abord ce qu'il est convenu d'appeler la *convention d'auteur*. Le proposant doit clairement établir ce qu'il a fait dans sa recherche et comment il l'a fait. L'une des critiques les plus souvent adressées au proposant : « Vous auriez dû faire ceci ou cela ou aborder telle ou telle question. » La recherche prête d'autant plus le flanc à ce type de remarque que le proposant n'a pas clairement balisé sa recherche. C'est important de le faire pour éviter le type de critique « vous auriez dû faire... » et surtout pour disposer l'opposant ou le lecteur à accepter et à évaluer la recherche qu'il a réellement faite.

Que doit-on trouver dans la convention d'auteur ? D'abord, il faut que soient précisés le sujet et l'objet de la recherche. Il est bon de rappeler la question spécifique. Celle-ci précise bien l'orientation du travail. Ensuite, il faut exposer sa démarche ; quelle réponse on a donné à la question spécifique (hypothèse ou proposition de recherche) et quelle sera notre démarche pour argumenter la Thèse. Enfin, il est bon de préciser en anticipant les questions du type « Vous auriez dû... », de délimiter la recherche, ce qu'on a choisi de ne pas faire et d'expliquer pourquoi on a fait ces choix théoriques ou méthodologiques plutôt que d'autres.

La rédaction du mémoire de maîtrise ou de la thèse de doctorat est assez similaire à la visite guidée. Lorsqu'on fait une visite guidée d'un musée, le guide annonce toujours à l'avance ce que l'on va regarder dans telle ou telle salle. Il précise même le ou les tableaux que l'on va examiner. Il prend soin de nous dire ce que l'on doit observer. Il dirige la visite en laissant le moins possible les visiteurs dans l'ignorance. Il explique les choses à voir avant qu'ils ne les voient. Le procédé nous semble intéressant et efficace. Le proposant est le guide ; il nous indique le chemin à suivre. Sa démarche est certainement présentée dans l'introduction où il rappelle, comme on vient de le dire, sa problématique, sa question spécifique de recherche, son hypothèse ou sa

---

24. On lira avec intérêt l'ouvrage de Jean-Paul Simard sur les raisons d'écrire, *Le guide du savoir-écrire*, Montréal, Éditions de l'Homme, [2005], p. 17-19.

proposition de recherche. Cette connaissance est fort utile pour appréhender la suite du raisonnement. Nous croyons qu'il est aussi important de présenter trois choses pour chaque chapitre ou partie. Cette présentation peut être considéré comme l'introduction du chapitre ou de la partie : 1) Il est bon de rappeler à quelle question (sous-thèse) ce chapitre va essayer de répondre. 2) Il est également profitable de dire rapidement quels sont les arguments qui seront utilisés pour répondre à la question. Il n'est pas nécessaire de tous les présenter, mais de donner une idée sur le ou les raisonnements qui seront employés. 3) Enfin, montrez brièvement comment vous allez construire votre argumentaire. Il faut montrer à l'opposant que vous avez réfléchi sur la manière d'argumenter ce chapitre. Ce n'est pas le hasard qui guide votre démarche.

Une fois cette brève introduction complétée, qui tient en une page ou une page et demi, on commence avec la présentation du premier argument. Nous avons parlé plus haut des types de preuve. À vous de choisir celle qui vous paraîtra la plus convaincante. C'est le moment d'utiliser la *prolepse*, l'objection, la réfutation ou l'exemple, etc. Une chose est importante à rappeler surtout si l'on utilise des tableaux, des schémas, etc. Il ne faut jamais présumer que les données du tableau sont faciles à lire, que le schéma est clair et évident. C'est à vous d'expliquer et de faire comprendre le tableau : vous devez dire comment il faut le lire, ce qu'il faut en retenir, les tendances, les données importantes, et quelle conclusion il faut en tirer. Ce travail est essentiel pour éviter que l'opposant l'interprète à sa façon, et en tire des objections contre votre raisonnement et même contre votre Thèse. Il n'existe pas de lecture objective d'un tableau ; elle dépend toujours du cadre théorique avec lequel on le regarde et le comprend. Guidez le lecteur en lui disant ce qu'il doit voir et retenir. Tous ces conseils s'appliquent aussi à une citation. L'appel à l'autorité est utile, voire nécessaire. Un mémoire ou une thèse qui ne citerait jamais de spécialistes sur son sujet pour argumenter serait certainement accusé de méconnaître son sujet et de manquer de rigueur. On n'est jamais seul et rarement le premier à traiter d'un sujet ; la référence aux auteurs est indispensable et pas seulement dans la revue de la documentation. Une bonne citation d'un auteur reconnu est un argument tout à fait valable à la condition que cet appel à l'autorité soit également valable[25].

---

25. Il y a trois conditions à la validité d'un appel à l'autorité : 1) L'autorité est-elle autorité ? Il n'est pas toujours facile d'établir ce qu'est une autorité. Disons simplement pour faire court qu'une personne qui a publié – articles ou ouvrages scientifiques –

C'est une bonne idée de terminer le chapitre en montrant les liens entre nos arguments et la question à laquelle on a essayé de répondre. C'est le bon moment pour expliquer à l'opposant la force des liens entre nos arguments et la sous-thèse. C'est aussi l'occasion de dire qu'il s'agit seulement de la première étape de l'argumentaire et que celui-ci se poursuivra ensuite avec la réponse à une nouvelle question, elle-même déductible de l'hypothèse ou de la proposition de recherche. L'enchaînement entre les parties se fait alors d'une manière rigoureuse et très cohérente puisqu'on reste au plan de l'argumentaire.

Il est important dans la rédaction de la recherche que le proposant *intervienne* dans son texte. Il faut comprendre ici deux choses. Un mémoire de maîtrise ou une thèse de doctorat est une recherche qui se fonde sur une analyse. Il ne s'agit pas seulement de décrire des faits; il faut les insérer dans un système interprétatif (de significations). Cette analyse, ne l'oublions pas, comporte trois éléments : les données, les arguments et leur interprétation. Les deux derniers relèvent du proposant. C'est lui qui organise les raisonnements et qui donne une interprétation, une signification aux données, aux faits. Il est bon pour le proposant d'indiquer les moments où son interprétation relève de certaines autorités et ceux où elle est originale. La référence à des textes ou des auteurs ayant traité cette question est justifiée pour renforcer un argument en montrant qu'on n'est pas le seul à défendre cette thèse de cette manière[26].

Il est permis de s'adresser au lecteur ou à l'opposant. Il existe plusieurs procédés rhétoriques à ce sujet : la *question oratoire*, la *prise à partie*, la *pétition de principe*, la *communication*. En effet, on peut utiliser la forme interrogative pour défier le proposant de pouvoir répondre. Par exemple : «Est-il aussi facile de résoudre ce problème qu'il n'y paraît?» C'est une

---

dans un domaine peut être considéré comme une autorité. 2) Cette autorité est-elle reconnue dans le domaine scientifique en question? N'utilisez pas Einstein à toute occasion. 3) Existe-t-il dans ce domaine scientifique un consensus sur le sujet traité? Cette condition n'est pas toujours facile à remplir, surtout en sciences sociales. Par consensus, on entend un accord général des chercheurs. Il existera toujours des théories dissidentes. Ces théories font-elles parties des débats sur notre sujet? Nous reprenons les propos de Pierre Blackburn, *op. cit.*, p. 158.

26. Il n'est pas obligatoire de citer son directeur de thèse, sauf dans les cas pertinents. C'est au proposant de le déterminer, pas au directeur de thèse. Vous n'avez pas à faire la promotion de ses idées; argumentez avec les vôtres. N'ayez pas peur de présenter vos idées et de les défendre. Si vous ne le faites pas dans vos recherches, où et quand allez-vous le faire?

bonne manière de montrer la difficulté à laquelle vous vous attaquez. La *pétition de principe* est un procédé rhétorique intéressant qui consiste à considérer qu'une thèse est acceptée alors qu'il s'agit précisément de la démontrer. « La nature des choses pesantes, dit-il, est de tendre vers le centre du monde. Or l'expérience nous fait voir que les choses pesantes tendent au centre de la Terre. Donc le centre de la Terre est le centre du monde[27]. » *Prendre à partie* le lecteur est un bon procédé qu'il faut cependant utiliser avec soin. Il est facile d'accuser le lecteur ou un opposant de ne pas suivre notre raisonnement ou de ne pas adhérer à votre Thèse parce qu'il prend partie pour une position adverse indéfendable ou simplement parce qu'il feint de ne pas connaître les conséquences désastreuses de sa position. « Allez-vous laisser faire condamner cet homme ! » On n'est pas très éloigné du débat politique partisan. La *communication* consiste à se mettre en relation avec le lecteur ou l'opposant pour le persuader en le consultant et lui montrer qu'on tiendra compte de sa réponse. « Y a-t-il une solution à cette situation ? Si oui, laquelle ? »

Il est inutile de tous les présenter ; il importe plutôt de voir qu'il ne faut pas hésiter à *montrer sa présence* dans le texte que l'on rédige. Trop de recherches sont écrites dans un style neutre, sans saveur. Si le style est une question personnelle, il existe des outils qui permettent de lui donner une certaine valeur esthétique et surtout une force persuasive certaine.

On hésite souvent à affirmer son apport, croyant à tort que ce que l'on dit vient des lectures que l'on a faites. Il faut voir les choses autrement. Le proposant, s'il a bien fait son travail méthodologique, sait très bien que son hypothèse ou sa proposition de recherche est originale. Pourquoi ne pas le dire ? Pourquoi doit-il s'abstenir de souligner que tel ou tel argument qu'il développe est nouveau dans la littérature ? Ce n'est pas prétentieux de procéder ainsi, c'est un bon procédé rhétorique que de montrer l'originalité de ce que l'on vient d'écrire. Comme il n'est pas mauvais de montrer les limites de son interprétation ou que tel ou tel aspect de la Thèse est plus difficile à argumenter. La maîtrise d'un sujet ne veut pas dire qu'on sait tout ce qu'il y a à savoir ; elle relève plutôt de notre capacité à connaître les limites de ce que l'on peut dire, de savoir qu'il y a des choses qui ne sont pas certaines ou que tel aspect relève du probable plutôt que du certain. Il faut savoir quand on est sur un sol solide ou quand on marche dans les sables mouvants.

---

27. Olivier Reboul, *op. cit.*, p. 173.

4.6. Forme

Au plan de la forme elle-même, on recommande une écriture simple, c'est-à-dire d'éviter les phrases trop longues, les paragraphes interminables. Les auteurs qu'on a lus ne sont pas toujours de bons exemples à suivre. Des phrases courtes (*épitrochasme*) ont pour effet de donner du rythme au texte. Les phrases longues deviennent vite ennuyeuses pour le lecteur. Évitez de mettre deux ou trois idées dans un paragraphe. Une seule suffit pourvu qu'elle soit clairement exposée. Il est bon d'utiliser des marqueurs de relation : premièrement, deuxièmement, d'abord, ensuite, donc, par conséquent. Ces marqueurs aident le proposant à organiser sa pensée. Avec l'expérience, le style se développe. Plus on écrit, plus on apprend à maîtriser la langue. Avec le temps et l'expérience d'écriture, ils disparaîtront et le style se raffinera. Gardons à l'esprit un principe simple : plus la recherche est conçue clairement, plus il est facile de la présenter oralement ou par écrit. Plus on s'engage dans ce que l'on fait (temps, intérêt et passion), plus la rédaction nous semblera facile.

Une chose à éviter absolument : écrire pour faire savant, intelligent ou profond. Certains utilisent des termes techniques – à la mode – dans des phrases complexes pour paraître pénétrant[28]. C'est une maladie du monde universitaire que de se montrer intelligent et utiliser un langage technique pour ce faire. Il est facile, surtout dans le milieu universitaire, de faire appel à des termes techniques pour rendre obscur le propos et faire croire que l'on vient de dire quelque chose de très important. À éviter à tout prix. Les mots utilisés sont choisis pour leur signification claire et concise. Toute science possède son lexique de termes techniques. Le proposant doit le maîtriser, c'est-à-dire bien connaître la signification des termes qu'il utilise ou qu'il emprunte. Un terme technique doit toujours être accompagné de sa définition, même si on

---

28. Il est étonnant de constater que certains mots ou termes fascinent et deviennent rapidement des mots valises en sciences sociales : paradigme, chaos, déconstruction, etc., ont tous connu ou connaissent actuellement leur heure de gloire. Aujourd'hui, plus personne ne critique, tout le monde déconstruit. Sans bien savoir ce que la déconstruction, celle de Jacques Derrida, fait réellement comme travail. On parle de positivisme, de poststructuralisme, d'ontologie sans connaître le contenu de ces mots. On entend plutôt : « Nous, en relations internationales, on l'utilise de cette façon ! » Mauvais argument et surtout manque de rigueur déroutant. Un concept traîne avec lui un bagage épistémologique et sémantique qu'on ne peut rejeter du revers de la main sous des prétextes aussi futiles.

s'adresse à un auditoire spécialisé dans le domaine. On peut toujours décider de donner une autre signification à un terme ou un mot; il faut pour cela bien justifier sa décision en faisant référence à la littérature pertinente sur le sujet. Jamais le proposant ne doit en faire un outil pour rendre obscur un propos qui ne le serait pas autrement.

Il faut maîtriser les termes que l'on utilise et savoir lorsqu'un mot est nécessaire ou qu'il sert à *impressionner* la galerie. Les termes techniques doivent être distinctement définis et lorsqu'ils sont empruntés à un autre domaine scientifique, il faut préciser les conditions et les limites de son utilisation. Faire savant est un défaut auquel cèdent certains, mais la mystification ne dure jamais longtemps. Il y a toujours quelqu'un pour demander d'expliquer ce que l'on veut dire. C'est très mal reçu dans le cadre d'un mémoire de maîtrise ou d'une thèse de doctorat.

Il y aurait beaucoup plus à dire sur la rhétorique et l'argumentation. Ce chapitre n'avait d'autre objectif que de montrer qu'elle fait partie d'un bon argumentaire. Persuader est une composante essentielle de toute recherche qui propose à une communauté, scientifique ou non, une Thèse nouvelle, originale. La rhétorique est en soi un argument en faveur des idées que l'on défend.

Nous avons limité à quelques exemples simples notre présentation de la rhétorique. C'était impossible de faire une présentation un tant soit peu exhaustive des procédés rhétoriques. Il y a à ce sujet de nombreux ouvrages, certains cités en référence, pour ceux qui voudraient parfaire leur formation. Les quelques exemples présentés n'avaient pour but que de susciter l'intérêt et d'illustrer l'apport de la rhétorique dans l'élaboration d'un argumentaire. Il ne faudrait pas négliger les remarques sur l'écriture. Ici aussi, il y a aurait un traité ou un guide à rédiger[29] sur l'art de l'écriture, mais à quoi pourrait-il bien servir puisque jamais il ne pourra montrer et expliquer le plaisir de l'écriture.

---

29. Voir l'ouvrage de Jean-Paul Simard, *op. cit.*; il s'agit d'un excellent livre par ailleurs.

CONCLUSION

Argumenter et faire accepter une Thèse représente un travail important dans le cadre de son mémoire de maîtrise ou de sa thèse de doctorat. Ce travail ne va pas de soi ; les exigences se situent à deux niveaux. Le proposant doit avoir une idée claire et précise de ce qu'il veut montrer. Cette idée s'exprime dans un énoncé : hypothèse ou proposition de recherche. Est-il besoin de rappeler que celle-ci est une réponse à la question spécifique de recherche ? Certes pas ! Mais rappelons que chaque hypothèse ou proposition de recherche représente l'énoncé que l'on veut justifier. La justification sera d'autant plus facile à concevoir que l'hypothèse ou la proposition de recherche est construite à l'aide de concepts ou variables dont les définitions sont univoques, concises et vérifiables. Le cadre référentiel ou cadre théorique fournira ces définitions et proposera une articulation cohérente entre les concepts ou les variables. Il doit proposer une explication (énoncé établissant des liens de nécessité entre des variables) ou fournir des significations aptes à nous faire comprendre le phénomène étudié. C'est l'explication ou la signification proposée que l'on va argumenter. Il est important de s'assurer que cette partie de la démarche est bien comprise, à défaut de quoi il sera difficile de bien argumenter son mémoire ou sa thèse.

Le proposant doit aussi savoir avec précision comment il entend démontrer la vraisemblance, la crédibilité ou la plausibilité de son hypothèse ou de sa proposition de recherche. Il doit non seulement connaître avec exactitude les données qui lui seront nécessaires et qu'il a colligées – les identifier, comment les trouver, établir leur crédibilité et leur pertinence –, mais avoir préalablement établi sa démarche argumentative. On entend par là la connaissance des faits importants avec lesquels il va travailler et la manière dont il entend les organiser en un argumentaire complet. On doit pouvoir énoncer les conditions de vérification de son hypothèse ou de sa proposition de recherche, savoir les faits pertinents et être en mesure de dire de quelle manière ils vont permettent de la vérifier. Le proposant doit être capable de se représenter schématiquement son argumentaire et les raisonnements qui le composent. Cela n'est possible qu'en ayant une compréhension très précise de l'hypothèse ou de la proposition de recherche, des données que l'on a colligées et des liens que l'on peut établir entre elles.

Une telle compréhension exige un certain laps de temps ; elle commande surtout la maîtrise des concepts que j'utilise pour formuler mon hypothèse ou ma proposition de recherche. Il ne suffit pas seulement d'en connaître la définition ; maîtriser signifie en prendre possession, être en mesure de l'utiliser efficacement. On entend par là deux choses. Un concept renvoie à une idée abstraite (idéel) qui introduit de la signification dans un univers divers et multiple. Il déploie son idéalité dans un certain nombre de significations. Il faut donc à la fois appréhender l'idée et les significations qu'elle autorise. Ce faisant, il permet à l'entendement d'établir dans l'univers observé des relations de nécessité, ou de comprendre.

Le cadre théorique permet et autorise ce type d'inférence ; c'est ce qui est recherché. D'abord, il permet d'établir un lien formel entre les concepts et ensuite la possibilité de dégager un certain nombre d'explication ou de significations du phénomène observé. Il faut bien comprendre ces rapports de nécessité pour deux raisons ; les liens qui sont établis entre variables, entre les concepts sont puissants. On entend par là que ces liens ne sont pas fortuits ; ils ne sont pas dus au hasard. Ils relèvent de liens formels (syntaxique), logiques établis par l'entendement. C'est le premier sens à donner au terme *nécessité*. La nécessité, et c'est le second sens à prêter au terme, permet de connaître ; d'expliquer ou de comprendre. En établissant des rapports de nécessité, le cadre théorique à l'aide des hypothèses ou des propositions de recherche fournit une explication ou offre une signification à une ou à des réalités

Conclusion **111**

phénoménologiques. Elles agissent comme principe d'intelligibilité; ce sont des propositions d'explication ou de compréhension qui rendent intelligible l'objet étudié. Encore faut-il les démontrer ou les prouver.

Maîtriser les concepts suppose aussi que je suis en mesure d'en connaître les implications à la fois théoriques et méthodologiques. Le choix des concepts oriente l'ensemble de la démarche. Il dirige l'explication dans une direction donnée et oriente la signification d'une manière irrémédiable. Il importe de le savoir. L'explication ne sera pas la même si on envisage, par exemple, le problème du vote selon les variables de revenu, de statut socioéconomique ou selon que l'on propose de le comprendre à l'aide de la lutte des classes ou d'une analyse de genre. C'est aussi facile à comprendre que l'argumentaire n'aura pas le même contenu ni la même structure. Encore faut-il maîtriser les concepts utilisés pour en connaître les implications dans ma démarche.

Nous avons proposé de traduire la Thèse en sous-thèses qui ont chacune la forme d'une question à répondre. Ces questions sont formulées à partir de l'hypothèse ou de la proposition de recherche. Leur opérationnalisation en questions, en général deux ou trois, facilite le travail de la constitution de la preuve (argumentaire). Elle engage immédiatement dans l'argumentation. C'est plus facile d'argumenter la réponse à une question que de diviser une Thèse en plusieurs chapitres sans trop savoir comment faire cette division. On voit encore trop de mémoires ou de Thèses descriptifs. Les *plans tiroirs* sont à éviter[1]. Les sous-thèses représentent chacune un chapitre, c'est-à-dire une question à répondre. En procédant ainsi, Thèse, argumentaire (sous-thèses et arguments), la démarche d'ensemble se construit comme un système structuré et très cohérent. Chaque partie est liée et surtout déductible de la précédente. Le plan argumentatif représente un très bon outil permettant au proposant un recul, une mise à plat de son travail méthodologique, pour évaluer sa démarche.

---

1. On entend par *plan tiroir* ceux qui consistent à faire l'historique d'un sujet, à chercher les causes d'un phénomène ou encore à en analyser les conséquences. Il n'y a pas d'objection à étudier les causes d'un événement; encore faut-il que cette recherche des causes serve à montrer ou à faire comprendre quelque chose. Pour l'avoir répété souvent, on défend une Thèse.

L'argumentaire est d'autant plus facile à construire que le proposant sait exactement à quelle(s) question(s) il veut répondre. Il fera appel pour chaque raisonnement de son argumentaire aux faits qu'il a préalablement construits. Une fois encore, les arguments seront présentés selon deux critères : pertinence et hiérarchie. Comme il est impossible de présenter tous les faits, on commencera par ceux jugés les plus importants jusqu'aux moins importants. Nous l'avons déjà dit à plusieurs reprises : il ne faut pas avoir un raisonnement comportant trop d'arguments et risquer ainsi que cela ne le rendre vulnérable à la critique ou aux objections. Cette hiérarchie s'établit selon le critère de la pertinence. Les arguments doivent avoir un lien évident et fort avec la Thèse que l'on souhaite défendre.

Combien faut-il d'arguments pour défendre efficacement sa Thèse ? Il n'y a pas véritablement de réponse à cette question. On pourrait répondre autant qu'on le juge nécessaire et que les arguments présentés sont pertinents. Comment sait-on qu'un argument est pertinent ou qu'il ne l'est pas ? La pertinence s'évalue en fonction du lien entre l'argument et la Thèse. Ils doivent appartenir au même univers conceptuel ou phénoménologique. Il semblera difficile en effet de défendre une Thèse sur l'impossibilité de la vie en société en la soutenant à l'aide d'arguments empruntés à la physique quantique ou à la zoologie. Il s'agit de deux univers cognitifs trop différents pour que le raisonnement ou les arguments soient convaincants. Les arguments feront appel sur un tel objet à d'autres faits sociaux ; par exemple, l'agression physique, morale ou psychologique constante et continuelle des membres d'une société. Il est bon de rappeler un vieux principe durkheimien : les faits sociaux s'expliquent par d'autres faits sociaux. Il ne s'agit pas ici de revenir à une forme de déterminisme ou de holisme ; il faut seulement comprendre la nécessité de faits sociaux pertinents. Nous ne croyons pas non plus que la pluri- ou l'interdisciplinarité signifie qu'il est possible de faire appel à n'importe quel fait pour argumenter. L'explication en sciences sociales et même la compréhension doivent relever de faits sociaux[2].

---

2. C'est un débat qui perdure en sciences sociales et qui ne sera pas tranché ici. Une chose est certaine : une fois débarrassée de l'idée métaphysique de liberté, on verra que plusieurs problèmes épistémologiques n'avaient aucun fondement. À partir du moment où l'on accepte l'idée de liberté sociologique, ce qu'il est possible de faire compte tenu de notre *habitus*, on voit mal où prend racine un débat entre holisme et individualisme.

Conclusion

On souhaiterait toujours argumenter à l'aide de syllogismes. Nous avons vu qu'il s'agit d'un raisonnement puissant puisque la conclusion suit nécessairement, logiquement, les prémisses. Elle est certaine. La difficulté avec le syllogisme, c'est qu'on s'en tient surtout au lien formel – logique – entre les propositions sans toujours accorder une grande importance au contenu de celles-ci. C'est plus difficile en sciences sociales de limiter les raisonnements aux liens logiques entre les propositions. Le contenu des propositions a une certaine importance. On évite ainsi des paralogismes. De plus, le syllogisme implique un raisonnement à trois propositions (majeur, mineur et conclusion); la majorité des raisonnements en sciences sociales fait souvent appel à plus que trois propositions[3]. On a plutôt affaire à des raisonnements complexes où quelquefois les prémisses sont indépendantes et, d'autres fois, liées. Une prémisse peut être à la fois une cause et un effet dans un même raisonnement. Les réduire à un syllogisme est très difficile.

On fera surtout appel aux preuves intrinsèques et aux enthymèmes en retenant principalement deux choses. La première, le fait de construire sa preuve n'enlève rien à sa valeur. Une preuve bien construite, solidement étayée acquiert la force de la vraisemblance ou de la crédibilité. Elle fait appel à des témoignages, des données, des faits. Il n'y a pas non plus de reproche à faire à un raisonnement qui est seulement probable. En sciences sociales, on n'a pas à se surprendre d'arriver à des conclusions probables. De prémisses probables, on ne peut conclure à des conclusions certaines. Les théories en sciences sociales sont pour la plupart peu formalisées; elles reposent sur des propositions postulées. Par exemple, l'idée d'état de nature, de la réalité construite ou l'opposition des genres ne sont que des postulats posés, jamais démontrés ou démontrables. Il n'y a pas à se surprendre que les conclusions soient seulement probables ou des fictions. Il ne faut pas confondre les postulats, des énoncés considérés comme des évidences, avec les propositions que l'on cherche à justifier. N'oublions pas enfin que les sciences sociales relèvent d'une logique de la preuve et non de la vérité. Et c'est le propre de la preuve que de se soumettre à la contre-expertise ou, pour être plus pertinent, à la critique. La preuve ne débouche pas sur une vérité; c'est seulement une conjecture probable

---

3. Comprenons bien : ce n'est pas le nombre de proposition qui compte, mais la structure : si, alors, donc. On ne la retrouve pas toujours dans les raisonnements en sciences sociales.

dont la valeur repose sur sa vraisemblance, sa crédibilité ou sa plausibilité. D'où l'importance de bien l'argumenter. Rappelons, et c'est important de le faire une dernière fois, qu'il n'existe pas de recherche qui ne donne pas lieu à des critiques ou à des réfutations. L'essentiel se joue aux plans du raisonnement et de l'argumentaire. À un argument, on peut toujours opposer un contre-argument, à un fait un autre fait dont la pertinence mérite d'être évaluée. À chacun de les anticiper pour étoffer son argumentaire. Enfin, il est impossible de se prémunir contre des attaques injustifiées ou des commentaires non pertinents. Il est bon de le rappeler. On ne peut pas se prémunir contre tout; il n'y a pas d'argumentaire parfait. La preuve est toujours soumise à la critique. Une démarche bien conçue, où les étapes sont bien maîtrisées et expliquées clairement, désamorce en grande partie ce type de remarques. Il est non seulement difficile de faire plus ou d'exiger davantage, il faut le savoir, mais aussi de ne pas s'étonner du caractère seulement probable de nos conclusions ou de nos Thèses.

Une fois le raisonnement bien établi, on recommande d'en faire le schéma en arbre. Nous avons déjà montré comment le faire. Il est bon d'évoquer une dernière fois son utilité. Il permet de visualiser son raisonnement en montrant les enchaînements entre arguments, leur cohérence, la force ou la faiblesse des liens. Un tel outil permet au proposant d'évaluer *lui-même* la force et la valeur de son raisonnement. Il lui permet d'avoir plus d'autonomie comme chercheur. Cela dit, il est toujours bon de soumettre son texte à la lecture d'autres personnes et pas seulement à celle de son directeur de recherche. Un tel exercice doit se faire dans les meilleures conditions possibles: en gardant à l'esprit que toute critique est bonne à prendre lorsqu'elle est pertinente et constructive et qu'elle concerne ce qu'on a écrit et non ce qu'on aurait dû faire ou même nos aptitudes intellectuelles[4].

---

4. C'est certainement là une attitude difficile à avoir. Pourtant, la critique est inhérente à tout travail de recherche. Le proposant apprendra très vite, ou il devra l'apprendre, à distinguer les remarques ou les critiques pertinentes de celles qui sont sans intérêt. Partons du principe qu'une critique pertinente vise la cohérence de la démarche, la maîtrise des outils méthodologiques, les erreurs factuelles, des oublis bibliographiques – articles ou ouvrage scientifiques pertinents et importants – mais elle ne doit jamais porter sur le contenu, faire état d'opinions personnelles sur le sujet ou de préférences théoriques. Des remarques sur la pertinence du cadre d'analyse devraient être accompagnées de solides justifications. Écrire ou défendre une Thèse n'oblige personne à être le disciple de qui que ce soit ou à faire l'apologie des travaux de son directeur. Dans ces conditions, il est vrai de prétendre qu'une critique est toujours bonne à prendre.

Conclusion

Le raisonnement est un outil indispensable pour argumenter, mais il n'est pas suffisant. Il faut aussi persuader. Construire une preuve solide exige l'utilisation de procédés rhétoriques. Il existe des procédés rhétoriques qui ajoutent à la force du raisonnement et de l'argumentaire. Nous avons fait état de la *prolepse*, de la *réfutation d'une objection* pour illustrer l'utilité de la rhétorique. Nous avons aussi parlé des *exemples* qui, sans être des arguments *stricto sensu*, aident à convaincre l'opposant à accepter la Thèse proposée.

On fait malheureusement, aujourd'hui, peu de cas en sciences sociales de la rhétorique. C'est dommage. Son lien avec la logique de l'argumentation n'est pas évident même si les ouvrages consacrés à celle-ci démontrent le contraire[5]. Sans discuter du bien-fondé ou non de parler de la rhétorique dans un ouvrage sur l'argumentation, nous avons montré l'utilité de certains procédés rhétoriques. Nous sommes persuadés que leur utilisation dans le cadre de la rédaction d'un mémoire de maîtrise ou d'une Thèse de doctorat ne pourra que rendre l'argumentaire plus étoffé et convaincant.

Nous avons mis en garde contre certains procédés d'écriture, *faire savant*, qui vont à l'encontre des principes de rigueur et d'honnêteté intellectuelle d'un travail de recherche universitaire. Il y a un principe qui gouverne tout bon travail: ce qui se conçoit bien s'énonce clairement. Une recherche bien conçue n'a besoin d'aucun artifice pour démontrer sa valeur. L'usage de termes techniques n'est pas prohibé à condition qu'il soit bien maîtrisé et qu'il permette de mieux comprendre le propos. Si la tentation est grande, ne pas y succomber est le signe de beaucoup de rigueur et d'intelligence. D'ailleurs, ce genre de mystification ne trompe personne longtemps. On écrit pour être lu et compris par le plus de lecteurs possible. Un mémoire de maîtrise et une thèse de doctorat sont des recherches qui méritent d'être publiés. Faites en sorte qu'elles puissent l'être. Nous avons parlé de la visite guidée comme principe qui pouvait rendre plus facile et clair la lecture de notre travail. On ne fera que peu de reproches à un auteur qui explique aux lecteurs sa démarche, ce qu'il veut montrer et comment il compte le faire.

* * *

---

5. On pense aux excellents ouvrages de Perelman et Olbrecht-Tythica, Buffon, Reboul, Meyer (déjà cités).

Bien argumenter son mémoire de maîtrise et sa thèse de doctorat exige un certain nombre d'efforts auxquels on ne pense pas immédiatement. On a souvent l'impression qu'en rédigeant, le texte prendra naturellement forme, que l'écriture permet d'organiser sa pensée. Le raisonnement n'est pas faux, mais il est insuffisant. S'il est vrai qu'en écrivant on est forcé d'organiser un tant soit peu ses idées, il n'en demeure pas moins que cette organisation est trop souvent intuitive. On suit le chemin d'une idée; il est souvent fort différent de celui de la logique qui suppose un raisonnement bien organisé. Le mémoire de maîtrise et la thèse de doctorat exigent des raisonnements bien structurés. L'organisation en raisonnement de ses idées, mais surtout de ses données, appartient au monde de la logique; elle a ses règles, ses exigences. Nous les avons présentées; elles imposent à l'écriture, à la stratégie textuelle, certaines contraintes. Elles n'empêchent pas le style, la formule car, sans rhétorique, aucun argumentaire ne peut convaincre. Il est bon de rappeler en terminant que si on écrit pour être lu, il faut aussi et surtout convaincre. La *vérité* n'est-elle en définitive rien d'autre qu'une démonstration convaincante?

BIBLIOGRAPHIE

Ouvrages généraux spécialisés

AUROUX, Sylvain (dir.), *Encyclopédie philosophique universelle. Les notions philosophiques. Dictionnaire*, 2 tomes, Paris, Presses universitaires de France, 1990.

BLAY, Michel (dir.), *Dictionnaire des concepts philosophiques*, Paris, Larousse, CNRS Éditions, [2007].

SIMARD, Jean-Paul, *Guide du savoir-écrire*, Montréal, Éditions de l'Homme, [2005].

Ouvrages sur l'argumentation

ANGENOT, Marc, *Dialogues de sourds. Traité de rhétorique antilogique*, Paris, Mille et une nuits, 2008.

BLACKBURN, Pierre, *Logique de l'argumentation*, Montréal, Éditions du Renouveau pédagogique, 1994.

BUFFON, Bertrand, *La parole persuasive*, Paris, Presses universitaires de France, 2002.

DE FORMEL, Michel et Jean-Claude PASSERON, *L'argumentation : preuve et persuasion*, Paris, École des Hautes Études en Sciences Sociales, 2002.

DUFOUR, Michel, *Argumenter*, Paris, Aubier, 2008.

MCINENRY, Dennis Q., *La logique facile: réfléchir, argumenter convaincre*, Paris, Eyrolles, 2006.

MEYER, Bernar, *Maîtriser l'argumentation*, Paris, Armand Colin, 2002.

MEYER, Michel, *Questions de rhétorique. Langage, raison et séductions*, Paris, Librairie générale française, 1993.

MONTMINY, Martin, *Raisonnement et pensée critique. Introduction à la pensée critique*, Montréal, Les Presses de l'Université de Montréal, 2009.

PASCAL, Blaise, *L'art de persuader*, Paris, Milles et une nuits, [2001].

REBOUL, Olivier, *Introduction à la rhétorique*, Paris, Presses universitaires de France, [1998].

SCHOPENHAUER, Arthur, *L'art d'avoir toujours raison, ou dialectique éristique*, Belfort, Circé, 1999.

TOULMIN, Stephen, *The Uses of Arguments*, Cambridge, Cambridge University Press, 2003.

Autres ouvrages consultés

BERNIER, Luc, *De Paris à Washington*, Québec, Presses de l'Université du Québec, 1996.

BLÉ KESSÉ, Adolphe, *La Côte d'Ivoire en guerre: le sens de l'imposture française*, Paris, L'Harmattan, 2005.

DUMOULIN, L., C. ROBERT, S. LA BRANCHE et P. WARIN (dir.), *Les usages politiques de l'expertise*, Presses de l'Université de Grenoble, 2004.

FORTIN, Marie-Fabienne, *Le processus de la recherche: de la conception à la réalisation*, Ville Mont-Royal, Décarie Éditeur, 1996.

GAUTHIER, Gilles, «La prise de position éditoriale: l'exemple de la presse québécoise», *Communications. Information, médias, théorics, pratiques*, vol. 25, n° 1, automne 2006.

GRANGER, Gilles-Gaston, *La vérification*, Paris, Odile Jacob, 1992.

GRAWITZ, Madeleine, *Méthodes des sciences sociales*, Paris, Dalloz, 1990.

HAVET, José, *Les études du développement international au Canada*, Montréal, Presses de l'Université de Montréal, 1985.

HUSSERL, Edmund, *Méditations cartésiennes*, Paris, Armand Colin, 1932.

LARGEAULT, J., *Principes de philosophie réaliste*, Paris, Klincksieck, 1985.

MACE, Gordon, *Guide d'élaboration d'un projet de recherche*, Québec, Presses de l'Université Laval, 1988.

MORFAUX, Louis-Marie, *Nouveau vocabulaire de la philosophie et des sciences humaines*, Paris, Armand Colin, 2004.

OLIVIER, Lawrence, *Détruire. La logique de l'existence*, Montréal, Liber, 2008.

OLIVIER, Lawrence *et al.*, *L'élaboration d'une problématique de recherche : sources, outils, méthodes*, Paris, L'Harmattan, 2005.

OLIVIER, Lawrence *et al.*, *Repenser l'histoire des idées politiques : réflexions théoriques*, Montréal, Département de science politique, Université du Québec à Montréal, coll. «Note de recherche», 2001.

PAYETTE, Jean-François, *Introduction critique aux relations internationales du Québec*, Québec, Presses de l'Université du Québec, 2009.

PERELMAN, Chaïm et L. OLBRECHT-TYTHICA, *Traité de l'argumentation. La nouvelle rhétorique*, Bruxelles, Éditions de l'Université de Bruxelles, 1988.

SCHWARTZ, Claudine (dir.), *Statistique : expérimenter, modéliser, simuler*, Paris, Vuibert, 2006.

SOCIÉTÉ canadienne de science politique, Association canadienne des sociologues et anthropologues de langue française, *Sondages politiques et politique des sondages au Québec*, [s.l.], Société canadienne de science politique, [s.d.].

THIBAUDEAU, Victor, *Principes de logique. Définition, énonciation, raisonnement*, Québec, Presses de l'Université Laval, 2006.

TUTESCU, Mariana, *Introduction à l'étude du discours*, Bucarest, Universitatea din Bucuresti, 2003.

RECYCLÉ
Papier fait à partir
de matériaux recyclés
FSC® C021757

Marquis imprimeur inc.

Québec, Canada
2011

Imprimé sur du papier Silva Enviro 100% postconsommation
traité sans chlore, accrédité Éco-Logo et fait à partir de biogaz.